持续精进

成为不可替代的人才

景红◎著

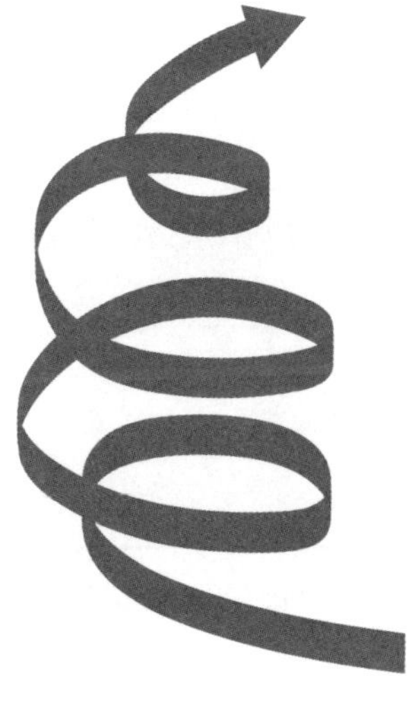

中国铁道出版社有限公司
CHINA RAILWAY PUBLISHING HOUSE CO., LTD.

图书在版编目（CIP）数据

持续精进，成为不可替代的人才/景红著. —北京：
中国铁道出版社有限公司，2021. 11
ISBN 978-7-113-27885-4

Ⅰ. ①持… Ⅱ. ①景… Ⅲ. ①职业选择-通俗读物
Ⅳ. ①C913.2-49

中国版本图书馆CIP数据核字（2021）第066624号

书　　名：持续精进，成为不可替代的人才
CHIXU JINGJIN, CHENGWEI BUKE TIDAI DE RENCAI
作　　者：景　红

责任编辑：巨　凤　　**编辑部电话：**（010）83545974　　**邮箱：**herozyda@foxmail.com
编辑助理：王伟彤
封面设计：仙　境
责任印制：赵星辰

出版发行：中国铁道出版社有限公司（100054，北京市西城区右安门西街8号）
印　　刷：北京柏力行彩印有限公司
版　　次：2021年11月第1版　2021年11月第1次印刷
开　　本：700 mm×1 000 mm 1/16　**印张：**13　**字数：**155千
书　　号：ISBN 978-7-113-27885-4
定　　价：59.00元

自 序

这本书终于要问世了，一本小书磨了三年多，中途好几次我都想放弃。做了十五年的猎头，我深刻感觉到在不确定的时代，职场不断出现着新形势新规则。职场其实是个人人都可以发表自己观点的领域，市面上职场类的图书各有特色。我的这本书有什么不一样呢？我能带给大家什么样的价值呢？

我关注前沿的职场理论，研究生毕业后在人力资源领域工作了近二十年，还攻读了工商管理博士；

我做了十五年猎头，亲自服务过数千家客户，见证了中国市场上各类优秀企业的变迁，面谈过上万候选人；

我是企业 CEO，我和我带领的猎头公司仲望咨询在猎头行业内获奖无数，把中高端人才招聘这门小生意做到亿元规模。

我学习了大量理论，每天在第一线接触最真实的市场，了解市场上最先进的企业用人标准，理解广大寻求职场进步的候选人求职中的困惑，更理解企业和人才两端面临的不同挑战。

我的经历和阅历都为我提供了独特的视角，希望这样的视角，也能给你带来启发。

现在的人才市场正在不断分化，优秀的人才是各家公司争夺的宝贵资产。在做猎头的这些年，看到越来越多的企业愿意付出较高的费用以主动猎聘的方式去吸纳优秀人才。在高端招聘市场上，并不是人才由企业挑，而是优秀的人才由企业争着抢。

市场上有很多人苦苦寻找适合自己的工作机会，为找一份理想的工作而发愁。我和我的公司每天会收到大量找工作的请求，但是绝大多数找工作的候选人并不能从猎头公司得到一份工作。

我了解中国优秀企业最真实的招聘需求，正如领英人才解决方案中对很多企业负责人采访后得出的结论“人才升维，才能基业长青”，优秀的企业无不重视人才的吸纳，但是招聘优秀的人才对于每个企业都极具挑战。

我也了解广大的职场求职者。随着中国经济不断成熟，人力资源市场也越来越成熟，薪资难以提高、容易被替代，职场中年现象、“打工人”的烦恼、如何避免内部竞争等是常见的问题，如何增强效能、如何成长为更高价值的人才是每个职场人面临的挑战。

2016 年，我受领英职场领袖专栏邀请开始写职场文章，八个月我在领英的关注者就突破了百万，目前在该平台已有三百多万关注者，是目前领英平台上粉丝最多的中国猎头。

2017 年，领英第一次设立最强档案榜单，我是 HR 领域第一，猎头行业唯一入选者。2018 年，我是领英年度最强音（Top Voice）之一。2019 年和 2020 年我是领英年度行家之一，也是领英 2020 年度行家“全行业”榜单中唯一女性上榜者。

我相信不是因为我写得好，而是因为看问题的角度不一样，所接触的和描写的是最真实、最全面的中高端职场。

感谢中国铁道出版社有限公司将我的所知所想汇结成书分享给更多的人。

发展中的职场是变化的，每年都会有颠覆性的技术、创新的商业模式、新的企业、新的规则，但是职场的规律其实是稳定的，在任何新的形势下，我们都需要提升认知、持续学习、努力工作、创造价值。

职场人很担心未来的不确定性，实际上，过去的经历已经是固定的，但却已经为我们积累了很多宝贵的经验，这些经验是我们未来路上不可或缺的基石。

职场上几乎没有谁不可替代，但我们可以让自己不断精进，难以被替代。

在成书的过程中，感谢众多职场读者在我的专栏和公众号中不断给我反馈，很多客户和 HR 也给了我很多建议和帮助，同时感谢铁道出版社的 Sophie，因为她的坚持和鼓励，这本书才得以问世。

这本书写不尽职场的复杂和变化，但会呈现一个猎头眼中最真实的职场，祝正在看书的您有所收获。

景　红

2021 年 7 月

目录

第一章

投资自己，离你想要的人生更近一些

第二章 磨炼技能，成为职场中最有竞争力的人

第三章 职业困境如何解

第四章　提高职商，持续精进，进阶为无法被轻易替代的人

第一章

投资自己，离你想要的人生更近一些

认知一：是什么造成了职场上的差异

2020年伊始，一场几乎席卷全球的新型冠状病毒肺炎疫情让经济受到严重打击，一些企业开始裁员降薪，失业率也开始上升。在激烈的职场竞争下，一些人不得不再次寻找新的工作机会。

在危机时刻，很多公司更需要能迅速扭转局面、带来效益的人才，但这样的人才原本就是核心员工、重点培养的对象，跳槽的可能性很低。有的企业一边大量裁减普通职员，一边集中预算委托猎头猎取关键人才。虽然高端职位的空缺量并不少，但是猎头普遍感到客户要求的人才条件越来越苛刻。

猎头寻找的一半以上职位都是需要成功经验做支撑的。不要说传统行业，就是年轻的互联网行业，也越来越重视引进成熟的高管。我们曾经受托为一家互联网公司找HRVP（Human Resource Vice President，人力资源副总裁），除了一些软性指标外，客户提出的条件有两个：

- 候选人有500强HRD（人力资源总监）和互联网HRD经验；
- 年龄需要在35岁以下。

经过一段时间的搜索和筛选，我们发现同时符合这两个条件的候选人几乎没有。根据客户要求分析，这个职位的薪水不会低于300万元，我们用此条件作为关键词开始搜索，发现绝大部分符合条件的人才年龄都在40岁以上。

在职场上，薪水和年龄都是市场价值的度量，可见职场危机不只是年龄的问题，而是到了一定年龄，却没有这个年龄段优秀的人应该有的经验和能力。

职场上总有些人在不断精进，成为专业人士或高级管理人才。即使职业坐标的原先定位不高，也有人能跳到更高的位置上拥有更高的职业成就。

是什么造成了人与人在职场上的差异呢？在时代的面前，为什么有人总能抓住机遇，而有的人似乎总是错失时机呢？

从业这些年，我接触了数千家客户、上万的候选人，从很多优秀的候选人访谈中，我发现他们基本都践行了以下几条规律。

一、考虑问题的方法——由终而始

优秀的人大多有逆向思考问题的习惯，也就是由终而始地考虑问题。

普通人士	成功人士
喜欢强调“活在当下”，有多少现有资源，办多少事	从结果出发，以终为始考虑问题
只会看现在的工作任务，很少有长远目标	会考虑五年、十年甚至更长时间的未来目标，用未来指导今天
“资源”出发，有什么样的资源，就用这些资源干什么事	从结果出发，希望达到什么样的结果，就去组织资源做事

二、关注自身的发展，不断投资自己

很多年近中年的人说转行困难、升职困难、被困在当下。限于资源贫瘠、钱和时间不够用，自我提升是最不紧急的开支。但职场成功者无一不是关注自身发展、投资自己、加强学习、不断刷新技能。

普通人士	成功人士
喜欢用消费的观点看待资源的消耗，比较看重减少支出	喜欢用投资的观点看待资源的消耗，比较看重增加回报
关注下一代或配偶的发展，将自己看成较次要。很多有了孩子的人对孩子的教育一掷千金，但对自己的学习却很吝啬	关注自身的发展，强调与家人共同进步。自己不断学习、再教育，认为任何他人的发展都是无法掌控的
更容易为现在的享受买单	舍得为自己的未来投入

每个人的资源其实都是有限的，多样化的需求很难得到全部满足。想要增加资源就必须做到：

（1）用投资的意识让自己的资源增值；

（2）关注自身，把自己看成值得投资的重点；

（3）学会巧妙的资源转换，用自己拥有的资源换取对自己未来价值更高的资源。

三、能延迟满足，不要求即时回报

我们应该追求人生总效用的最大化，即时回报往往是短期效用，能即时回报的往往都与长远目标相差甚远。追求总效用最大化就必须学会看重长期回报。

普通人士	成功人士
喜欢即时回报，即时反馈，喜欢有捷径，害怕走弯路	专注长期目标，能接受积累期的沉闷，能够延迟满足
容易受到“短期回报”的影响，愿意做短期回报非常明确的事，非常注重“投入产出比”。越是普通员工越要求即时回报，对薪水很在意，为了几百元就能跳槽	越是认知程度高的人越乐意多做些暂时没有回报的事，比如分享、结识人际关系、学习与自己工作无关的新知识
普通人经常为控制体重、是否要早起而纠结不已	从生活上看，成功的人多是自律的人，而自律的人都能理性看待短期没有回报的付出

四、有自己独立的判断，能耐心等待

我们在一个日新月异的时代，从互联网到区块链，从共享经济到人工智能，每年都会有很多新的“风口”，追“风口”并不难，但能坚持观点、抓住趋势，又能持续行动的人是非常少的。

常听到很多人说：“这个我早就想到过”“早知道现在这样，我当时就那样”这类的话。其实人的一生中会遇到很多次机遇，但能抓住机遇的只是少数人。

成功者多是有独立判断、有耐心，机会来临时就会迅速行动的人。

普通人士	成功人士
喜欢随大流、渴望安全稳定，在趋势形成后再跟进	敢于“不同”，能独立思考，能走在趋势前面
总想抓住风口，一次就能选择正确，希望用选择来代替努力，不想浪费时间和精力	重视选择，更重视选择后的努力，在确定方向正确后不轻易放弃，在坚持的过程中不断优化，越做越精
希望得到别人的意见和认同，不愿意将失败归于自身	能独立判断，承担后果

五、抓大放小，聚焦重要的事

任何一项工作中都会有最重要的事、最关键的问题、最核心的技能。抓住最重要的事、解决了关键问题，掌握了最核心的技能带来的回报是指数型上升的。

普通人士	成功人士
精力分散、想要的太多，为无关紧要的事花费了太多精力	真正把精力时间资源聚焦在最重要的事情上
没有把要做的事和应该做的事区别。没有想清楚所做的事与自己的人生目标、职业目标的关系，80% 的资源分配到产出有限的区域	懂得运用“二八法则”，把 80% 的精力、时间、金钱、资源投入到更有价值的地方，而在只能有 20% 产出的地方投入少量的精力
不断更换行业、平台，跳槽频繁，技能、经验、资源无法叠加。 强调工作辛苦、看中过程	在有限的领域里注重叠加的进步。看中结果，做有成果的事

六、用增量思维考虑问题

世界日新月异，过去成功的经验很可能成为未来思维的桎梏，有清零心态的人才能更好地拥抱未来。

增量和存量原本是经济学里面的术语，存量是指某一指定的时点上，过去生产与积累起来的产品、货物、储备、资产负债的结存数量；增量则是指在某一段时间内系统中保有数量的变化。存量和增量这两个概念在经济学里更多的是用来表达企业和社会的资源，然而这个定义也同样可以适用于个人。

个人的存量，指的是过去对自己的发展有增益的部分，包括曾经做过的工作、取得的成就、结交的朋友、积累的资产等，存量思维是指当事人对存量产生路径依赖的心理状态，看重过去积存的资源，舍不得放弃；个人的增量指未来发展的资源，有增量思维的人，更看重未来增加的可能，对已有的存量，会再利用它们获得未来更多的资源。

普通人士	成功人士
留恋过去，怕失去现在已有的利益	喜欢看未来潜在的回报
希望有更多，但不希望有损失	空杯心态，勇于放弃过去的成就
对未知领域恐惧，不愿接受不确定	敢于接受不确定，愿意承担风险

很多行业都有工作不理想的人，他们发觉自己不适合后还不愿改变，舍不得放弃已有职位。这种存量思维严重的人很难获得新的机会，时代正在不断把留恋存量的人抛弃。

正如文章一开始提到的案例，为客户寻找的互联网行业HRVP，结果是很多优秀的HRD只有500强经验，现在到了40岁以上，虽然对这个职位很感兴趣，但缺乏互联网行业的经验，他们大多说过类似的话：曾经想跳槽时，也有机会去互联网公司，但当时在500强公司做得很好，又考虑互联网并不稳定，迟迟没有行动。

七、目标明确，对自己要什么很清楚

普通人士	成功人士
易受环境影响，不断改变目标	目标坚定，对自己要什么很清楚
相信环境资源决定命运	相信自己可以掌握命运

初入职场时，有些人的目标并不明确，还有一些人没有长远的目标，但优秀的人会不断设立一些阶段性目标。随着目标的不断实现，自信和能力也会随之增长，长远目标会逐步清晰。成功的人多会进行目标管理，适时调整自己的目标。

方法是易寻的，但目标的不同决定了要采用不同的方法。能根据目标管理自我，将不符合自己目标的杂念控制住，排除达成目标过程中的各项困难才能取得理想的成绩。我们每个人都应该经常问自己：

- 我想要什么？现在有什么？
- 现在做的事是我应该做的吗？能得到我想要的吗？
- 现在做的事对我一年（三年 / 五年 / 十年）有什么样的影响？

认知二：怎样才能在平凡的工作和生活中日益精进

M 二十多年前从上海著名高校硕士毕业后，在德国一家半导体公司工作。被派回国两年后，跳槽到我的客户——一家美资 500 强公司担任项目主管。当时，我受托为他的团队寻找项目人才，我们一直保持联系。后来，他不满意这家美资公司的文化，又跳槽到另一家美资半导体公司。这家公司在 2018 年后，业务日渐艰难，2020 年大幅裁员，M 也在其列。M 今年 43 岁，他通过各种渠道找工作都没有回音，以前找工作一投简历就有很多人主动来找，他觉得可能是简历没写好，请我帮他修改。我看了他的简历后发现，他的学历、经验都不错，唯一应该修改的是年龄，如果他 34 岁，机会就会大增。而他 43 岁才在一家已经被业内看成日落西山的公司做主管，那么在职场上竞争力已经很小了。进入职场，只有不断跟随年龄提升才可能成为难以被替代的人。这十多年来，M 几乎没有太大进步，而职场已经发生了巨大改变。

我们在职场上追求精进，是通过理性选择和提高效率来提高自身的产出，在有限的时间内收获最大的产出，从而实现价值最大化。每个人的禀赋资源、职业定位、个人能力有差异，单位时间的金钱收入可以成为衡量个人价值的标准。

其实，无论是什么状态，都可以和过去的自己相比，努力在平凡的工作和生活中日益变得更好。

一个人在职业起步时用自己的体力和智力换取金钱，但在职业和人生发展中，不同的阶段有不同的要求。从体力、智力⟶金钱、能力⟶人际关系、影响力⟶格局视野，我们要不断精进自己的资源体系，才能达到价值的认可和提升。

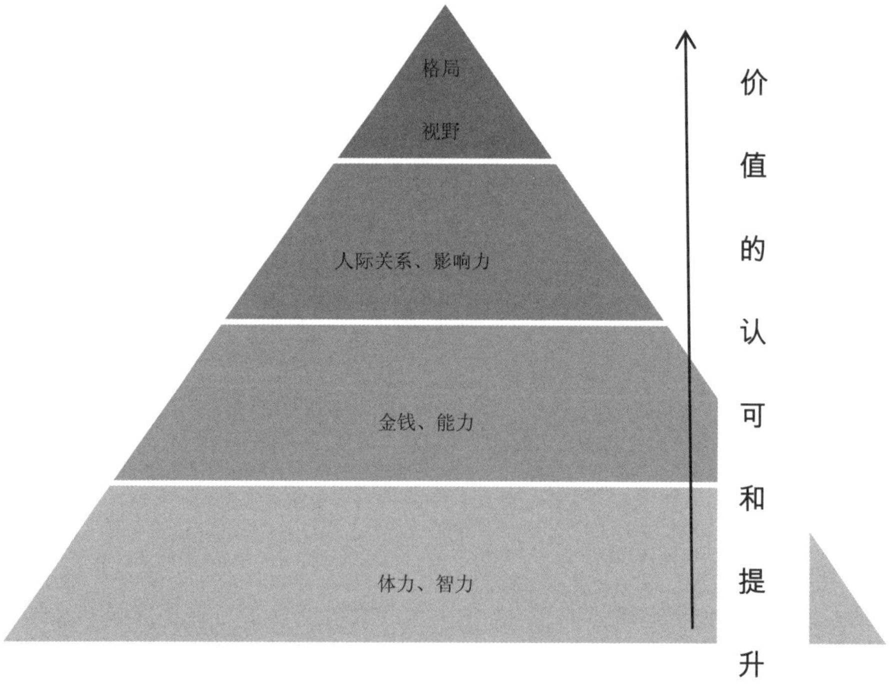

一、职场精进需要利用好各类资源

每个人都有不同的资源，有些是有形的，如金钱、房屋；有些是无形的，如时间、人际网络。这些都是我们成长不可缺少的要素，我将其统称为持续发展的自有资源。

如果把有形资产用金钱来代表，可将资源分为六大类（见下图），想要在职场精进，就要用投资思维使用自己的资源。投资思维是指在做事、做决定时，用投资的角度去行动，去做决定。投入一定资源，获得更多回报，让资源得以增值，从而获得长期的收益。

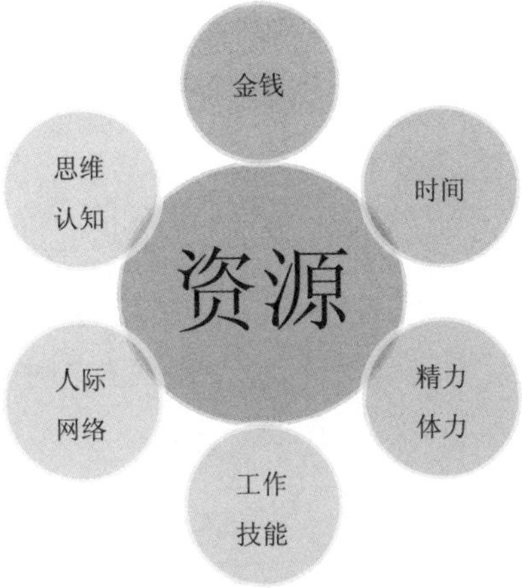

1．金钱

对很多人来说，除了不断提升赚钱能力外，还要提升金钱的使用能力，提高财商，让精进的每一步都看得见。

还以前面的 M 为例，M 在二十多年的外企职业生涯中，薪水一直不低，他喜欢玩车，买过两辆二手跑车、一辆越野车，这三辆车的使用率都非常低。作为技术人才，M 平时并不需要出差或见客户，通勤代步用的是一辆日系家用车。M 总结，车子对他来说，就是一直贬值的资产。

将金钱不断投入到让自己增值的资产上，个人才越容易精进。

2. 时间

每个人唯一公平而确定的资源是时间。掌握自己的时间，也就是掌握了自己的生命。我们每天都有同样的时间收入：一天固定 24 小时。在同等的时间内做不同的事决定了我们的成就，每个人都可以用单位时间的价值衡量自身价值。职场人应该经常计算自己的小时收入，评价一下自己的单位时间价值是增值还是贬值。

时间是刚性的，我们无法管理时间，但可以管理时间维度上我们的行为。一个人哪里投入的时间多，长远就能看得出效果。

M 最后悔的就是将时间花在了对自己增值没有帮助的个人爱好上，对自我增值的思考极少。

3. 精力和体力

好身体是工作的基础，精力、体力是我们重要的资源。

M 告诉我，2018 年时，他所在的公司经营方向出现了问题，他本来想考一个技术管理方面的国际认证证书为跳槽做准备，但因为当时全身出湿疹，身体很虚弱，就拖了下来。后来身体一直不大好，精力也不好，在公司每况愈下时，他却连跳槽的想法和勇气都没有了，直到被裁员才不得不再次被动找工作。

有着较高职业成就的人往往是身体健康、精力旺盛、效率极高的人，精力和体力也直接影响脑力、心力，优秀的人多是擅长精力管理的人。

精力消耗的规律和时间略有不同，时间是线性向前的，既无法储存也无法复原。而精力像钟摆一样是有弹性的，想要在职场发挥得更好，就要将优质时间段的精力投入到能快速提升的项目上。

想要管理好精力，就要了解一些吃、住、行、休息方面的常识。可以从记录开始，记录自己的身体规律，观察自己在什么情况下休息比较好、精力比较旺盛，在精力旺盛时做有难度、重要的工作任务，在疲惫前休息，再辅助以适合自己的运动，合理饮食。每天像管理银行储蓄一样投资自己的健康，建立良好的生活习惯，当银行账户资产良好，再使用时就能胸有成竹。

4. 工作技能

如果我们不能在专业知识和工作技能上不断进步，工作就会成为低水平的重复，成为维持生存的手段，生活也会失去进步的动力。年龄越大，职场竞争压力越大。

职场中像M这样有极好教育背景的候选人，毕业后进入一个很好的公司，做着一份令人羡慕的工作。掌握工作所需的技能后，有一些人能升职到中层甚至更高层，而更多人到某一个程度上就停滞不前了。其中绝大部分都没有培养出更高层次职位需要的能力，有些甚至工作几年后再也不注意主动更新技能。所有的工作技能其实都是有保质期的，到了一定阶段，技能就会显得不够用。

只有持续打造自己的专业，用高一级的标准要求自己，保持自己的独特性，才能成为不可被轻易替代的人。

5. 朋友圈

人都有社交天性，互联网时代虽然弘扬个人精神，但分工协同更重要。我们已经很少看到能与世隔绝、独立发展的个人了。M的人缘一般，按他的说法，理工男情商比较低。几次工作失意都是因为与人相处得一般，找工作时也和猎头的关系维持不好，很多时候仅仅是一次性的交流就结束了。朋友圈在这个时代越来越重要，职场人都要积极走出自己的小圈子，和比自己强的人交往，有意识地展示自己的独特价值，持续打造高质量的朋友圈有益于职业发展和个人成长。

如果能将资源放在高质量朋友圈上，会让你持续精进。

6. 思维认知

思维认知决定了人与人之间的差异，不断提高思维认知才能持续精进。

通过大量的思考，可以不断提高认知水平，从而提高我们的格局和眼界，才能做出更符合趋势的选择。可以通过读万卷书、行万里路、见识不同的人、名师指路去不断扩大视野、提升认知，最重要的还是去升级自己的思维。

二、调整各种行为的比重

在特定的时间和空间，我们的资源大体固定，根据行动带来的未来价值可以放大或减少。我们在特定时间、空间内的每一个行为都可以分为投资性行为、损耗性行为、维持性行为。

投资性行为：即贬值的行为。比如过量的娱乐游戏，损坏身体的坏习惯等。

损耗性行为：即维持的行为。比如基本的衣食住行。（这种行为看似不可少，但从时间维度上来说，一定是消耗了时间，所以列入非增值却不可少的时间。）

维持性行为：即增值的行为。比如阅读、运动，这部分时间用于这样的行为可以让我们的无形资产变得更多。

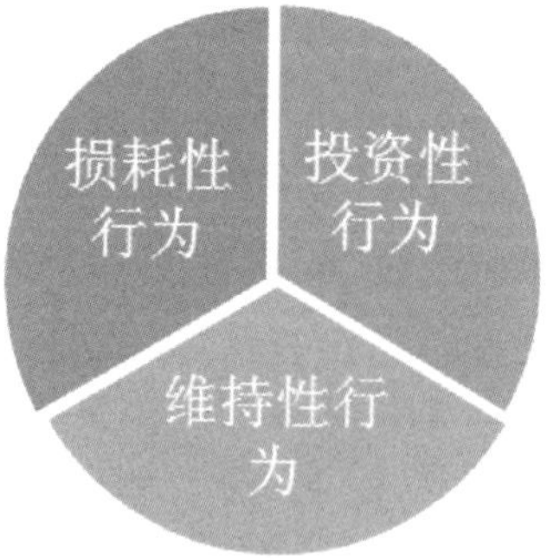

任何行动都可以考虑一下归属。

比如我们的工作，如果没有技能的提高，就是不产生变化的维持性行为，如果工作能力增加了，就有一部分可以列为投资性行为。再比如娱乐、发呆，大部分也是维持我们生活的行为，但如果通过冥想、运动、看电影后得到了很多启发，就是投资性行为。

人生是一个过程，目标常常是多维度的。既然我们所有的行为都是投资，就应该要求回报。日益精进往往是一个长跑的过程，而不是短期冲刺，需要相对均衡地投资在自己各方面能力上，而不是短期对某一两项用力过猛。

很多人都觉得学习很重要，购买了大量的书籍、线上课程和学习资料，希望能够通过碎片时间来学习，但其实能坚持下来的人很少，也很难有时间消化，最后变成学习焦虑症；有些人认同用金钱换时间，应该减少上下班通勤时间，就在单位附近租住远超自己能力的房子，最终生活变得很窘迫。这些其实并不是真正的投资行为，而是对自己的耗损。

三、增加投资性行为，用投资的思路使用资源

想要增加投资性行为，就要养成用投资的思路使用各种现有的资源。

1. 投资自己的健康

投资自己，首先要让自己的精力更旺盛、身体更健康。时间管理、财务管理均是表象，健康管理、精力管理才是基础，如果活得更久、更健康，很多问题都能解决。

日本作家村上春树在近 30 岁时开始写小说，此后连续 30 多年一直活跃在文坛上，硕果累累。这与他一直坚持跑步，甚至参加专业的铁人三项等运动是分不开的。他自己也在书中表示，在 30 多年的小说家生涯中，看到很多有才华的小说家离开这行，他能保持好的状态与长期高强度运动锻炼、拥有强健的体魄有很大关系。

做任何职业，如果想有所成就，都应该关注健康的生活方式，学会管理自己的精力。网上曾经流传过一张首富的日程表，在忙碌的工作日程前，他们起床后做的第一件事是健身。研究一下很多成功人士的日程表，会发现他们会在忙碌的工作中

留出健身时间。投入时间去建立自律的生活方式，越早投入，复利越高。

2. 投资自己的精神

一个人真正的失败是在失去了奋斗精神、再也不想翻身的时刻，如果已经不再战斗，战斗自然就结束了。

我们经常看到，职场上有些人各方面都不错，但就是很难接受挫折和批评，稍有不快就选择放弃，有些人屡战屡败，甚至发展成反社会型人格。而有些人就能处变不惊，屡败屡战、乐观向上，很好地处理压力，在逆境中实现反弹。

职场的组织架构虽然可以扁平或多种多样，但进阶之道总是呈金字塔状。无论什么单位，基层员工都是多数，中层向上逐步减少，高层寥寥无几，最终决策者只有一个或几个。即使做到企业最高层，同行业内外的竞争也极为激烈。大部分人必然会到一个升不上去的位置，而能不断进阶的人往往不仅能力出众，还要有韧性。

要有意识地磨炼自己的精神，锻炼对每件事不同结果的耐受力，用理性思维考虑问题。精神上的强健虽然与天生的基因有关，但是有意识地训练肯定有助于精神强度的提高。

坚韧是最值得培养的职场品质。如同登山一样，到一个新的高度，看到的风景会很不一样，要有“生活给了我们什么，我们就要学会用什么去生活”的心态。每一天都会遇到不同的情况，控制自己的情绪、保持积极的心态，屡败屡战才能在人生的长河中笑到最后。

投入时间和金钱去学习心理学的知识，去思考和总结，寻找减压方式，也是必要的投资。

3. 投资自己的财富

现阶段，人们对生活质量的要求越来越高，一个人对钱的态度决定了他思维的高度，早点学习投资理财知识，用好复利常识。要对自己的财务、家人、生活方式有合理规划。理财就是理生活，我们不妨遵守一些基本原则：

①好好工作，做好职业规划。本金少时，没有任何一项理财的报酬和风险能和你好好工作、取得收入增长可以相比，更何况这是你能力的一部分，抗风险性比任何投资品都要好。

②把理财当成工作的一部分。

③分清消费和投资。想要自由选择，就要早做打算，为未来长远的自由牺牲现在短期的自由，在时间和金钱的使用上做到自律。

4. 投资自己的朋友圈

朋友圈是强大的资源，朋友推荐是每位猎头的重要渠道。我们猎头公司每年统计职位候选人来源，一半以上的高管职位都来源于猎头自己的积累或者朋友推荐。

除了工作机会外，优质的朋友圈能帮助我们达成商务合作。每当我问上过EMBA、MBA或者各类非学历教育培训班的职场人，为什么花大量时间和金钱去上这类课时，他们的回答是除了学习知识、开阔眼界外，更重要的便是结交和扩大朋友圈。

交朋友需要先投入才会有回报。商业社会的朋友圈是建立在有用基础之上的，你的朋友圈就是你的平均水平。平庸的人很难短时间内有非常优质的朋友圈，但可以通过一些课程或是沙龙等方式有意识地接触到更优秀的人，以扩大自己的朋友圈。

尽量不要将自己的朋友圈只集中在单一特征人群上，如有些女性朋友圈里的朋友都是女性，有些工程师朋友圈里的朋友都是工程师……

要分层级、有意识地多样化自己的朋友圈，将宝贵的时间和金钱花在有用、有价值的社交上。在我们自身价值还不大时不要怕别人“用”你，也不要将社交上金钱的得失算得太精。

5. 提高自己的能力

能力是知识、技能、天赋的内化结合。在一个行业，要想把事情做成、做好，就要精通多方面的知识和技能。将知识转化为能力，不断更新自己的技能，一旦停止了能力的提升，危机很快就来了。

能力中的基础能力或底层能力主要是知识和素养，如表达能力、思考能力、人际交往能力、沟通能力、逻辑思维能力、判断力、应变能力、统筹规划能力等。这些能力在职场上是各种岗位通用的，在生活上也被广泛使用。 还有一些能力是职业需要或市场需要的技能，如英语能力、PPT 能力、写作能力、编程能力等。

优秀的人往往都是一专多能，在必要时如果出现行业性的转移，也可以发挥自己的底层能力进行顺利迁移。也许新的风口行业平均周期不会超过 20 年，组织变化更不可避免，但是我们看到在一个行业做到顶尖的人被淘汰的可能性很小。不仅仅是因为表面的技能，而是顶尖人物的底层能力往往很强，一般都是自律的终身学习者，大部分被淘汰的往往是行业中的平庸者。

技能必须是时代需要的，随着新技术的运用，很多过去引以为傲的技能会成为活化石一样的存在，我们还有什么理由不去重视新技能呢？

天赋、运气、性格等也许无法全然改变，但有意识地了解自己是可以改变的。控制好能控制的、增强控制力，提高选择力总是能做的。每个人都要为自己未来的开销存一部分“未来基金”，投资自己能力的学习费用不能低于自己投资未来基金的 20%。

6. 拓宽自己的格局

一个人的能力再强，如果没有大格局和包容的胸怀，也会影响道路的选择。

在一个和平安定的时代，房价上涨、生活成本上升可能是不可避免的规律，清华高才生毕业买不起学区房的议论也常见媒体。即使这样，个人选择也有短期和长远之别，一个人的格局决定了他能走多远。如果只关注眼前的生活，是相当可惜的。能力没有胸怀和格局相助，也不一定会有很好的发挥。

读万卷书、行万里路、阅人无数是很好的拓宽格局的方法。

用于“见多识广”的支出也不应少于投资未来基金的 10%。

更重要的是要有意识地思考、审视自己、不断突破自己的局限。了解自己、了解世界、兼容并包、扩大格局，学会多维度地思考问题。

7. 投资自己的事业

事业不仅指职业、工作，而且还指与自己价值观相关的目标实现。要以长远的眼光去看这个问题，越早思考职业规划越好。

如果你是一个没有太多家族资源可以继承的普通人，事业往往是你想要过上理想生活的工具。

一个人要了解自己，要知道自己的人生想要做什么。有了终生奋斗的事业观再去求职并热爱自己的职业，将职业发展成事业是最好的。如果不知道是否是事业，就要经常问自己：

- 愿意一直做这个工作做到老吗？
- 如果失业了，哪些工作是自己的下一个出口？
- 如果眼前有几种选择，而且每个选择都各具优势，具体会怎么选？

越早找到自己的事业，越早投入时间精力钻研，就可以越早提高自己的职业竞争力，也就越容易形成良性循环。

四、用低价资源换取更高价值的资源

不同资源对每个人来说是不一样的，各种职位和能力的社会价值定位也不一样，金钱是资源的统一度量标准。因为有统一的度量标准，各类资源间就可以置换，要学会用自己已有的资源换取想要的资源。

或者说，我们要学会用相对较低价值的资源交换高价值的资源。如果时间可以投入到未来金钱回报更高的地方，能花钱的地方就不要花时间，要用小投入换取大收益。

- 花钱买时间，将自己不擅长价值又不高的事情外包；
- 花时间、花钱、花精力，学习可以提高职业技能的课程；
- 花时间、花钱、花精力，建立高价值的人际关系并参加拓宽眼界的聚会。

这些都是用现有资源换取未来可能更高价值资源的方式。

随着年龄的增长，个人的能力和资源都要增长。有些人年纪一把还和年轻人干一样的活、在同一层次竞争，一直在做比如打字、库管、前台、操作技术工等基础性的工作。这就是因为没有找到精进职业能力的方法，所以价值才难得到提升。

十五年前，我的前同事M放弃体制内的工作，从老家无锡转到上海做销售，每月基本薪水只有4 000元，当时她租的房子离公司只有步行十分钟路程，在市中心的“老、破、小”，月租2 800元。很多人都觉得不理解，完全可以选择更便宜，环境更好的，距离稍微远一些房子。但M坚持用金钱和居住质量换得精力和时间的节省，除了工作方便，在市中心学习资源多，M还报名参加了英语和销售技巧培训，一年不到，M就成了公司最佳销售，不光提成可观，底薪也翻了倍。但M并没有把提成存起来，而是考了驾照买了车，算是公司第一个买车的销售，M认为买车也是为了投资自己。M在工作中，始终注重投资自己，不断把自己拥有的资源转换成她认为更有价值的资源，她职业发展一直很顺利，成功在上海核心地段置业，也拥有了自己的咨询公司。

正确的投资和积累是实现财富自由的唯一方法。同样，在工作和生活中，如果我们能善用自己的资源，用投资的方法去行动，去使用我们的资源，耐心地坚持和等待，回报也会很丰厚。

只有不断投资自己，持续精进，才能让未来的自己更有含金量，离自己想要的人生更近一些。

认知三：没有最好的工作，只有最合适的工作

Z是我多年保持联系的候选人，前段时间，他说越来越不喜欢现在的工作了，想跳槽。

Z大学毕业就以管培生身份被选拔进一家国际奶制品公司。十五年的时间，他从普通销售到销售经理，又从区域销售高级经理升到区域销售总监，一直表现优异，但却越来越迷茫了。区域总监一共有七个，自己负责的区域在公司属于中等水平，升到全国销售总监的只有一个。这个位置上的人因为压力大，倒也经常变动，但面临更高层次的挑战时，他却感到非业务工作越来越多，喜欢的具体工作越来越少。年岁已大，但被提拔的机会很渺茫，最近，又空降了一位全国销售总监，对Z也明显不再重视了，这下Z更是坚定了想跳槽的想法。

Z想要找一个“好”的工作，他想要有更优质的朋友圈、学到更多东西，即使离家远也无所谓。对于Z而言，什么是“好”工作，什么又是更好呢？

经常有朋友说不喜欢现在的工作，要找个“更好”的工作。实际上很难回答什么样的工作是好工作，有的人需要金钱、有的人需要权力、有的人需要尊重、有的人要轻松顾家。有的人想一份工作做一辈子，觉得稳定很重要；有的人觉得人生要精彩，不断追求更有挑战性的工作。

人的每个阶段拥有的资源不一样，需求也不一样，找工作是用自己已有的价值

和资源交换自己想要的、更好的价值和资源，所以，能否找到理想的好工作，取决于个人供给和组织（这里不仅是企业，也包括所有愿意付钱购买你产品或服务的人或团体）需求之间的博弈。

一、工作的长期价值函数

一个人就像一家公司一样，要实现自己终生效用或综合价值的最大化必须兼顾收益性、成长性和风险。既然像经营公司一样经营职业，也应该像企业经营一样考虑多种因素，借用企业经营的价值考虑因素概念，工作价值基于一个价值函数：

工作价值 $=f$（收益性、成长性、风险性）

三个变量在每个人的职业不同时期有不同的权重。比如 Z，他在职业生涯的早期，主要考虑成长性和收益性。他选择了销售工作，工作上一直能得到提升，收益、成长、风险都在满意的范围。现在更多考虑的是成长性受挫，风险上升，未来的收益可能会下降。虽然环境没变，但是工作的价值构成却发生了变化，Z 对工作的满意度下降，积极寻找新机会也是好选择。

工作往往是多因素的妥协。一个企业、组织要实现价值的最大化，同样也必须兼顾收益性、成长性和风险性。员工是生产要素，既是成本也是资本，所以企业对人力资源也要考虑收益性、成长性、风险性。

Z 的公司宁愿选择空降，也没有提拔现有的七位总监中的一位。出于企业对成长性和风险性的考虑，这七位总监的背景不同，但业绩差异不大且都没有电商经验，为了快速提升业绩对抗外部竞争，需要从外部引进新的人才。

每个工作都有其价值，绝对好的工作基本不存在，但每个人都有自己的理想工作，理想的工作没有标准答案。

个人的需要和组织的需要都是变化的、动态的，只有相互匹配时，工作才能满足个人的需要，个人的能力满足工作需求时才是合适的时候。

二、工作供求的匹配因素

工作供求需要双方从能力、意愿和价值观三个角度进行匹配。综合来说，必须是个人能力、意愿、价值观和组织对岗位的要求及组织的文化相匹配。

如果一个人能力和职位很匹配，绩效比较高，组织对他满意；组织给他的回馈匹配了他的需要，提供了满意的收入、地位、成就感，他就对工作满意。在这种情况下就是此阶段理想的工作。

人会因为年龄、学习、环境、经历等因素发生改变，有时会因为学习增强了能力，也有时因为年龄和能力增加不同步，能力发生退化。需求会随着环境变化、人的眼界能力和年龄等各因素的变化而不断变化。

Z的家在上海，他最希望能分管华东区，但组织需要他分管华南区，后来又改到分管西南区，一直离家万里。随着年龄增长，他想找一个在上海的工作机会。但这个因素，与他在其他工作内容、工作成就感上的回报相比不占主要因素，但如果工作回报不理想，回上海这个因素就凸显了出来。

组织也在不断变化，社会竞争使组织面临的环境发生了变化、市场上人力的供应情况也在变化，对员工的要求也在改变。Z所在的国际乳品公司近几年面临民企崛起，其他外企进入中国带来全新产品等诸多冲击，原先的策略需要调整，引进新的思路，空降外部高管是必然的选择。

人的价值观和企业文化虽然有稳定性，但企业文化相对复杂，在阶段和局部上也会有一定的不确定性。

三、多因素决定什么是合适的工作

1．个人能力

一个人区别于其他人解决问题的知识、技术、才干，通称为能力。

能力分为硬能力、软能力和潜力。但在工作中，有些能力是显能力（表现出的能力），有些是暗能力（没有表现出来的能力）。

（1）硬能力指能够直接输出成果的能力，如技能，语言、计算机、写作等。有时候很难衡量的软能力可以用权威证书来表现为硬能力，如学历文凭、培训证书等。

（2）软能力指不能直接输出成果，但与成果的质量直接相关。比如沟通技巧、组织能力等。软技能可以分为不同层面：

软技能的金字塔模型（2000 年诺贝尔经济学奖得主詹姆斯·赫克曼）

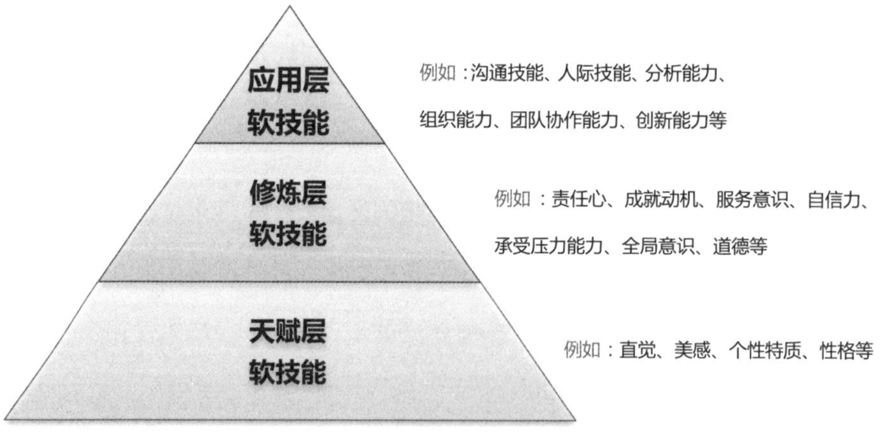

（3）潜力是指没有展示出来的天赋，是“暗能力”的一部分。虽然现在无法判断，但可以预期未来可以体现出业绩。潜力也有很多方法可以衡量，比如通过以下标准来测验与评价：

①好奇心：渴望学习新知识获得新体验、以开放心态学习和改进；

②洞见：收集并准确理解新信息的能力；

③参与：善于沟通、能够说服他人；

④决心：面临困难或逆境，仍然能为目标不懈努力。

换新工作时要考虑提供工作的组织是否能让你的能力得到提高，能更多地展示显能力；同样，组织也要考虑你是否能提供其要求的能力。

Z 和我说，他原先是学物流专业的，和销售并不相关，但他觉得公司是销售导向型的公司，销售的话语权很大，也有完善的销售培训。虽然原先他是比较内向的性格，但在培训和实践时，经过长期练习，销售能力得到了极大提高，而且非常享受做销售团队的管理工作。自己也很惊异原来还具备这些能力。这时候，销售能力和管理能力也成了 Z 的显能力。

2．意愿

（1）主观意愿：爱好和兴趣

兴趣是自己的终极需求，如果能把工作与兴趣结合，做自己喜欢的事无疑是最有意愿的事。

但实际上根据“喜欢”的事来寻找工作的人很少能找到合适的工作。因为个人喜欢的事要结合对他人的价值进行评估才能成为可操作的工作。

①“喜欢的事”对别人的价值：喜好往往只建立在满足自己、让自己开心的事，转化为一项工作时必须要对别人有价值。

②“喜欢的事”能不能转化为足够有优势：很多人自己喜欢且擅长的事，其实是无法放到整个社会较大的范围去评估的。比如有的朋友很喜欢玩游戏、下棋、摄影。但如果没有足够大的影响力，也无法转换为职业。

③“喜欢的事”可不可以交换：产品和服务只有让别人用到、可以交换才能

变现价值。有些人的业余知识很丰富，很有才华，知识也是市场需要的，但没有办法让别人知道，无法变现也无法成为一个工作。

大部分人在开始工作时谈不上喜欢自己的工作，但慢慢在工作中得到正反馈，受到鼓舞，越来越能从工作中得到乐趣。

所以，工作意愿中的喜欢是可以管理、培养和激发的。

（2）阶段性意愿

每个人在不同年龄段的职业需求是不一样的。

①职业初期——探索期：找到一份工作养活自己，实现“自立”。很多人对自己的喜好和价值观并不是很清楚，这时候如果过于理想化，只想做自己喜欢的工作，反而不一定能发现自己真正的理想职业，如果不能从工作中得到自信，就很难在职场上有所建树。

②职业中期——成长期：给自己和家人更优质的生活，寻求事业的发展，实现“自主”。这个阶段需要更有担当，建立自己的事业，建立自己的品牌核心价值、专业精通并养成极好的思维习惯。

③职业进阶——成熟期：可以拷问自己的灵魂，看看自己内心真正的愿景，实现更高的理想，得到“自由”。不再为生计发愁，自然可以追求理想的同时顺便把钱赚了。

④职业末期——退出期：可以发挥自己的经验、影响力，延长职业寿命，影响更多的人。

每个时期的需求重点不一样，我们要懂得取舍，满足自己不同阶段的需求，同时又能紧盯住长远的职业目标。

（3）客观意愿

个人无法控制对意愿的影响因素，最大的客观意愿在于工作的供应方。

即使自己知道理想的工作是什么，也要看是不是能找到，社会是不是有供给。现在有些人觉得在大城市压力大，希望“逃离北上广深”，可能就面临自己理想的工作未必在新的区域能有供给的状况。所有理想的工作，如果不能在现实找到，也不会是合适的工作。

组织的办公地点离家远近、生活环境是否有变化、家人是否同意这些客观因素也会影响工作意愿。

（4）价值观

每个人有不同的看世界的角度，都有对事物内在的评价体系，这是内在的“价值观”。价值观会影响到对工作的选择，个人价值观和组织文化的匹配直接关系到工作的满意程度。

我的一位马来西亚候选人曾经在一家500强保险公司做到亚太区COO（首席运营官），后来发现自己更能从帮助别人、改变世界上得到乐趣，转到服务弃婴收益的NGO（非政府组织）工作。

环境对“工作价值观”的影响也是巨大的。在日本，料理师、幼儿园老师常年名列理想工作第一名。不同环境下，理想职业和所从事的职业都是不一样的。

高价值的工作很多时候是自己主观的判断。每项工作的匹配，都会是双向的选择。一份工作，只有自己的能力、意愿、价值观和组织的需要相匹配，从职业生涯长期角度考虑，并不存在最好的工作，能够在不同阶段兼顾收益、成长和风险的工作才是最合适的工作。

认知四：职场上选择和努力哪个更重要

作为猎头经常为新兴行业寻找人才。我们曾经给一家知识付费行业头部企业找一位算法方面的人才，成功的候选人是一位硕士，毕业后工作才一年多，年薪已经超百万，非常抢手。

有服务传统行业的猎头顾问也感慨，很多在传统行业积累很多年的人才也许终身都达不到这个薪水。真是选择比努力更重要了。

我的一位读者，大学本科毕业后去了石家庄的一家外贸企业工作，薪水才2 500元。工作6年后选择跳槽，薪水反而还降了一些，这在当地不奇怪，但在一线城市的企业里应届生的薪水比他的薪水都要高。所以，很多时候区域和消费水平也会影响到薪水的基准。

一、努力和选择的关系

努力和选择是我们每天都会面临的问题。这些年社会发展快、行业变迁快、行业单位间的差异也在拉大。对于绝大部分人来说，一个个选择最终会变成自己的环境，环境比个体要大很多。

那是不是只要选择对了，就可以少努力很多年吗？

显然并不是，你的出身、自身的条件决定了选择的起点，但是如果没有持续努力，往往无法保证选择的正确。因为两者的关系是：选择重于努力，但选择不能代替努力。

拥有选择机会的同时具备选择的能力才是真正的强者。

二、努力和选择什么时候更重要

既然成功是多维度的事，选择也不是只有一次，即使是再关键的选择，也有无数次选择后的行动才能证明是否正确。

我的一位客户的总经理D因为家境不好没有读过大学，20岁不到从技术学校毕业，由一家外包人力资源公司安排在上海郊区的一家服装厂流水线上工作，起点并不高。但她在所有同事工作之余打牌唱歌的时候，自费去学习了当时比较热门的计算机知识，并增强语言学习，提高英语技能。后来服装厂被外方收购，急需质检人员，外方要求会计算机操作、能用英语交流还要懂一线的操作，D成了不二人选。

因为D对业务非常熟悉，提出了很多改进意见，获得多次机会去总部和其他的国家交流学习。D坚持学习，从大专、本科读到国际MBA，用了十年时间，几乎改头换面，成了这家大型公司的中国区负责人。

D常笑说，改变她命运的就是，当时她看到计算机培训班在她们住的宿舍区发的招生传单。但我常想，这不是选择的好，而是后来一系列的努力改变了她的命运。因为每次在选择的十字路口，她已经本能地选择了投资自己的模式。

生命的意义就在于，你能做好的只有现在，而无法左右既定的条件，唯一可以左右的是自己现在的选择，选择如何过当下，决定了未来有没有更多的选择。

1．做确定性的事时，努力更重要

我们纠结于选择，是因为未来不确定，投入产出不确定。

一部分选择的结果其实是很确定的，付出的代价也容易评估，内部外部的风险和收益是可度量、可预期、经得起检验的。

比如上大学、接受高等教育、多学习新的技能……这些并不是一定要做的，只不过做了之后有确定性的效果，好处明显大于坏处。所以面临这种选择时，路径是比较清楚的，只要评估自己能不能、愿意不愿意付出所需要的努力。

2. 对于不确定性的事，选择更重要

工作生活中有一些是不确定性选择，也就是选择了并不知道是不是正确，选行业、选单位、选岗位、选工作、什么时候跳槽、什么时候创业都有很多不确定因素，不可能没有风险的。

职业、行业甚至和谁结婚、是不是要离婚、要不要生二胎……这种选择的特点是任何一个选项的好处都不能明显确定高过另一个选项。

有选择的自由就按照自己的价值观排序。如果没得选时，就只能当确定性的选择，努力去证明选择是正确的。

在自己的资源范围内选择本身就是一种能力，但选择以后进行努力才会有更多的选择。正如D，如果不是在流水线工作时学习了计算机和英语方面的知识，就很难成为质检员。如果后期不再学习新技能，就没有可能慢慢成为更高层级的管理者。

很多时候，在同级别的竞争上，我们除了努力别无选择。而跨级别之间几乎不是一个量级的竞争，选择项也不同。

三、将努力看成是一种选择

我们的选择和努力都是为了实现职业和生活的价值最大化，最后达到人生总效用的最大化。

1. 减少选择、对常规事务固定选项

将精力集中在需要更重要的选择上，不消耗选择力。成功源于专注，而专注必然意味着尽量简化不必要的选项。

每个人的精力值相对固定，如何分配是优秀的人和普通人的重要区别。

我们很容易在生活中看到一些中午对着几个外卖菜单费尽心力选择的人，如果没有建立起选择的流程，会被琐碎的小事消耗掉心力，在重大事件上往往没有精力

再进行理性的分析和漫长的信息搜索。

在日常生活中我们要减少日常琐事的选择、简化生活、外包家务、善用工具、减少选择对精力的损耗，才能将精力用在攻克大项目上。

2. 建立自己选择的模型

在有选择时，可以将选择项放入四个维度考虑。可以这样问自己：

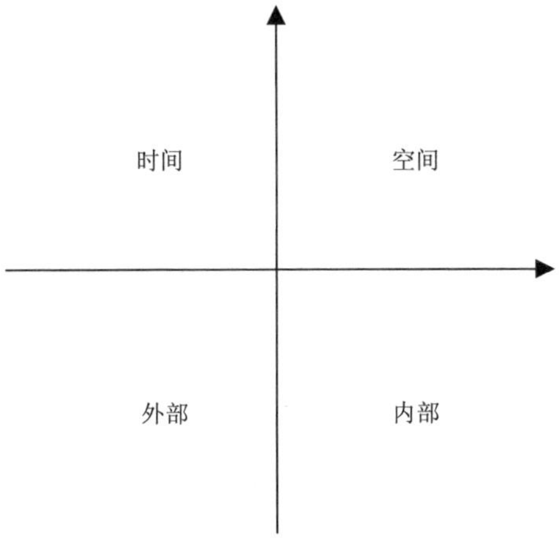

- 这项选择在五年、十年或更长时间对我的影响有哪些？（时间）
- 这项选择在更大的区域会不会不同？（空间）
- 这项选择符合我的价值观吗？（内部）
- 这项选择外部因素对我的影响是哪些，选择后形成的外部影响又有哪些？（外部）

（1）尽量以更长远的视角看现在的选择

哪些事是未来一定要做的，不妨现在就开始想。正如我们现在看D当时的决定，觉得是理所应当，谁不应该会电脑操作、会讲英语呢，但作为流水线上的工人，在当时能想到“以后可能每个人都会，我要先学一学”就已经是极有眼光的事了。

（2）价值观

在面临重大、不确定选择时，不妨设想自己的人生已经到了最后六个月时该怎么过；最后的时刻里，对自己最重要的是什么、自己最看重的是什么。每个人的核心价值观往往指向幸福的终点，也是引导我们做选择的内在因子。

（3）以旁观者心态看待选项

拉开距离，假设不是自己在做选择，而是另外一个人在做。从远距离、更高的视角看待选择项。外部的趋势是什么，哪些技术会穿透、颠覆我的行业？当我们综合考虑外部环境时，才能更全面地看待选择项。

（4）选择纠结时，选较难的那个

难走的路，往往竞争反而少，越走越宽。而容易的路，必然入门者多，越走越累。

四、选择后努力行动，让选择变得正确

世界上没有绝对的好选择，也没有绝对差的选择。选择好坏都是相对的，同样的选择下也会有不同的命运。

选择远重于努力。没有努力的积累往往没有选择权，更没有选择力，无法驾驭选择。确定的事，努力更重要；不确定的事，选择更重要，一旦选择好，就是确定的事了，自然还是努力重要。

选择和努力是人腾飞的两个翅膀，缺一不可。

认知五：愿意承担责任的人才会有更多的机会承担责任

我的朋友F前几天发消息给我，她又被提拔了，现在已经是一家欧洲集团公司总部中国区的高级副总裁，年薪已过200万。

F从武汉大学研究生毕业后，在南京的一家研究所工作了两年，不太喜欢平淡的氛围，更向往有成长性的工作。于是放弃事业编制转到上海找工作，虽然也算是名牌大学，但在上海，这样的背景太平常了。刚开始她在一家民企做销售，做得还不错。

她不仅卖产品，而且热心帮助企业客户设计方案（根据客户的实际情况做出整体的方案）。有时竞品更适合客户，她也会在方案中包含进去，做出极公正的方案。更让人信赖的是她会多做很多售后工作，当时他们公司代理了比利时的地板和办公家具，国内根本没有售后团队，她的客户使用产品时出了问题，公司不愿意管，她却愿意负责到底，自己一层一级在网站上留言，找到总部的总经理，最后帮客户圆满解决。

F服务过的客户对她都非常满意，客户介绍客户。F在这行业里逐渐成了专家，很多客户采购产品前会先听她的意见。她不仅年年是销售冠军，也带出了一个团队。三年后，她现有的这家集团公司正好缺一个销售经理，就直接邀请她加入，负责一个小型的销售团队。

大公司有明确的分工，很多人照职责办事，并不愿意多承担额外的工作，因为多做肯定会有额外的责任。但总有一些工作涉及多个部门，她发挥N+1的工作作风，别人不愿意做的她做，别人不愿意管的她管，从不怕担不必要的责任。虽然也遭到过很多误解，却得到了更多人的认可，在公司威信很高，领导能力不断得到提升。

在公司内部，她的团队也越来越大，团队都相信她是个从不推托、能承担责任的领导，团队凝聚力也很强。

经常会有人觉得升职很难，觉得自己工作不错，却似乎没有得到重用，希望通过跳槽来解决加薪升职的问题。但往往在原单位不能达到的目的，到了新单位即使达成了，结果也不一定好。现代分工越来越细致，职责分明也是岗位的要求，但是往往进步快的人是愿意承担更多职责外责任的人。

一、承担责任的人往往也隐含着获得了权力

职场上人人都有自己的岗位职责，包括我们的职责和权力，干好这些是我们的分内事。

不承担责任似乎是件好事，但实际上也把权力交给了别人。做好自己的工作，只承担自己的那份责任，也就只有自己岗位上的权力。如果不去主动了解和关心他人的责任，也不会有增加的权力。

F 在很长时间虽然并不身居高位，但因为承担了很多责任，对业务和市场最为熟悉，无论是外部还是内部都会听取她的意见，她也成了最能影响决策的人。

二、愿意承担责任，才会有更多的机会

如果想有更大的权力，就要承担更多的责任。这不仅要表现出承担责任的能力，也要有承担责任的意愿。

我的朋友 Z 十多年前跳槽到上海的一家小贸易公司工作。她是名校毕业的研究生，岗位是外贸经理，按理说她只管把客户拉回来就好，可是在那家实力很弱的小公司人员离职率很高。报关、报税没人了，她上；发货没人做了，她自编程序；运输物流没人了，她到处找人，自己先垫运费；财务说账有问题，她一笔笔和其他

业务员对账；最夸张的是，管理仓库的人离职却没交钥匙，她去找开锁的、去派出所开证明……哪里没人她立刻顶上，她做的工作越多，懂得越多，公司的人走了一批又一批，她却一直在。后来公司越来越大，她成了公司股东。甚至在现在的公司，原领导也让她保留原公司的股份。或许你会觉得有点不可思议，但这种情况真实存在，很多有担当的人会愿意承担更多。最后成为团队中最有诚信的人。

三、承担责任也是一种习惯

我有位智能家居行业的客户 D 白手起家，在 19 世纪 80 年代不断扩大产品线，从黑白电视、彩色电视、电子元件、手机、物联平台一直到智能家居。在激烈竞争的市场上勇于创新，公司里人才济济，高管素质很高。D 告诉我招聘用人有关键的两点：第一，如果是校招，要看他是否曾经在高校里担任过不止一年的学生会干部；第二，如果是社招，要看他是否在原有工作中经历过至少两次升职（不是通过跳槽的升职）。

优秀是一种习惯，承担责任是一种习惯，责任会让人成长。只有不逃避责任，才能养成习惯。D 用人的这两点，也许比较绝对，但却是很多企业辅助判断的依据，能够持续做学生会干部，意味着除了学习外还承担了其他责任；不跳槽而得到升职意味着不逃避，做出成绩得到认可。勇于承担责任是领导者的基本素质。

无论是组织还是团队，公司还是家庭，承担起责任的人往往是话语权较大的人，在没有指定和约束的情况下，主动承担责任往往是一种思维和行动上的习惯。就如同 F 和 Z 这样的人，养成在职场中有责任空白点的时候勇于承担的习惯，看似很吃亏，实际上成了所在领域里最让人信赖的人。

在职场上我们会发现，有些人就是乐于做奉献者，愿意多给予，认为多做事能多发展；而有些人就是索取者，不愿意多做，认为多做多错。这种做事的倾向不在于能力高下，思维习惯会直接影响人的行为，从而长远影响一个人的发展。

四、回应责任后带来的是能力

我们选择承担责任，就要承担别人不满意的后果，并做出有效回应。

很多时候，我们并不是没有能力去承担责任，而是隐藏的“暗能力”没有被发掘出来。

比如我们经常会看到一些职员在做员工时不见得很出色，但自主创业后却做得很好。因为不同的角色承担着不同的责任，而责任本身就能让人成长。

往往胜任自己工作的人会在舒适区内得不到进步，但如果愿意多承担一些岗位之外更大的责任，会挖掘出更多的能力。

F和Z虽然工作环境不同，但他们的共同之处都是会从更高级层面来思考问题。经常会帮别人做工作，以团队的整体目标为导向，不管是不是自己分内的事，其实很多在职场上表现越来越好的人都是这种思路。

职场上，“这事我来负责”永远是最受欢迎的精神。

认知六：每一项工作都应该被尊重，只有尊重工作的人才能做好工作

有一次我去理发，理发师T和我谈到他的工作状况。我顺口问他，现在美容美发行业这么火，很多明星发型师都出书、做节目，以后好手艺的匠人会越来越吃香，有没有想过用新技术改造这一行？这个行业恐怕连AI都难替代，不如以后让子女继续做这个，做成世家。T激动地说“这种工作有什么好做的？我这么辛苦就是不想让他们以后还干这行，这个工作地位低、没自由，没前途。”

职场中很多人不喜欢自己的工作，有些人甚至“厌恶”“贬低”自己的工作，“做哪行怨哪行”的现象并不少见。

曾经有位读者和我说她被裁员了，想咨询劳动补偿的事。她在一家中小规模的外贸公司做跟单，做了七年，公司第一批裁员就有她。我问她，七年你应该学到了很多东西，年龄也不算太大，找工作应该比较容易。她说，她一直做一些复印跟单的简单工作，对外贸业务并不了解，七年下来马马虎虎也没学到什么，找工作很困难。她自己也承认薪水不高，公司不重视自己，总让自己做跑腿的行政工作，就这样混了七年。

很多人在工作时都会在心中衡量付出回报比，总觉得付出大于回报，于是尽量有限付出，越是付出有限，成长就越有限，贡献有限、回报有限。

并不是所有的工作看上去都很美好，但都有其存在的价值。很多人找不到工作的意义，觉得自己的工作只是简单地为了养家糊口，就不尊重自己的工作。对于一个有职业精神的人来说，每份工作都值得尊重。

一、工作可以让你独立

一份工作可以提供报酬，可以让你在财务上摆脱家庭的控制。财务独立是人生独立的基础。无论什么样的工作，市场都有综合衡量的标准，工作按社会承认的劳动价值获取报酬。

我的一位候选人曾经分享过她成为高级技术翻译的经历。她外语专业大学毕业后到一家模具类外企做翻译工作，刚开始，技术总监将工作交给资深的两位翻译，她只能为两位资深翻译打下手。按她的说法，她的主要工作是买咖啡、拿快递，次要工作是核对翻译完成件的标点符号。绝大部分人干这个工作都熬不过两个月，但她觉得起码独立了，公司付她翻译的薪水却只让自己做简单的工作也不吃亏。每份文件拿到手后，她都认真核对，不仅是标点符号，还将一些隐性问题都逐一标出。半年下来，她成了公司最让人放心、最受技术部门欢迎的翻译。她笑说，失业了可以卖咖啡去，咖啡的知识和喝咖啡人的习惯都了解得很清楚。

当自己的能力达不到工作要求时，就应该考虑在现有的条件下将手里的工作做到足够好。年轻时，最重要的是让人觉得你“可教”，承担往往是一种付出，当你愿意多承担的时候，会发现自有更高层次的人来指点帮助你，也会有更好机会的降临。

二、一份工作可以让你思考是否适合在这个行业发展

刚进入职场时，我们不知道自己喜欢什么、擅长什么，但在做的过程中，会逐步体现出自己的天赋和暗能力。任何一项工作都能锻炼一个人多方面的能力，空想是很难想出来的。

我们曾经成功推荐过一位候选人N先生。N先生1992年在某医科大学毕业后做医生，后来进入外资饮料企业做市场专员，再后来又到意大利家具公司做销售。看似每份工作都没什么连贯性，但他对待每份工作都非常认真。经过几个行业后，N先生到制药行业做销售代表，一做就是十年，一直做到500强制药公司中国区销售总监，成为行业大咖。

N先生经常说，因为年轻时做过的几个行业，才知道现在的职业路径是适合他的，中间有很多次别的选择，他都心无旁骛地坚持了下来。如果不是当时每份工作都尽全力做，根本不知道、也不敢说工作是否适合自己，因为根本不会有自信。

我也是如此，在做猎头之前，做过老师、公务员、HR……每一份工作都尽力让自己做到最好，放弃时才可以坦然说，是因为自己觉得不喜欢而主动放弃的。

三、做好工作，才能建立起自信

如果不喜欢的工作都能做得很好，找到自己喜欢的工作岂不是会做得更好？

即使有些人家境很好、衣食无忧，但个人独立还是要有工作能力。如果不是自己建立的系统，就很难有对自己能力的客观评价。

很多人面对一份不满意的工作，怨气冲天，但自知能力有限，又无法摆脱做自己不喜欢的工作，就像我的那位理发师一样。只有在工作中证明自己能解决问题，树立起自信，培养能力追求自己喜欢的工作才能走向成功。

我们常看到有人会感叹：“这么简单的工作都做不好，我能做什么？”这就是说如果简单的工作都没做好，是会影响自己的信心的，而做什么都能做好，是对自己能力的肯定。

我大学和研究生读的是国际贸易专业，后来一直在学校和机关工作，虽然不太喜欢那时的工作，但经常担心离开体制什么也不会干，于是拖了好几年不敢跳槽，也不知道往哪儿跳，我只知道要把老师这份工作先做好。我每年都能被评为当年的优秀老师，逐步也搭建了自己的思考框架，慢慢觉得自己有了能力。当我鼓足勇气进入企业后，最初公司让我做人力资源，后来做客服、综合管理，每项工作都是我从未做过的，刚开始感到非常琐碎陌生，但认真做下来，每项工作都做出成绩来，就会慢慢建立起自信，慢慢也找到了符合自己的一套工作方法，觉得新工作并不难，遇到问题就去学习，总有解决的办法。

四、尊重自己的工作，才能锤炼出专业度

工作可以带给我们经历，任何经历都不会毫无价值。

腾讯公司的董事长马化腾先生的第一份工作是做编程工程师，使用C语言做网络寻呼，每月工资1100元，做了五年；亚马逊的贝索斯曾经在麦当劳打工，做

最辛苦的工作，可还是非常认真的完成；日本的寿司师傅小野二郎被称为寿司之神，可是在他那里需要拧十年毛巾才能煎鸡蛋……

古今中外，每项工作都有枯燥、艰难之处，初级工作大多是重复性较高、回报极少的基础工作，得不到大家希望的高成就感。

H是我一个大客户的副总裁，在业内以能力强、业绩佳著称，是很多猎头重点保持关系的对象。他22年前从旅游技校毕业，分配到一家国企的旅游分公司做前台，男生做前台，很多人觉得受不了，但是H非常珍惜。当时旅游公司资源好，很多客户经理有时忙不过来、不在意小客户，H主动向这些客户不厌其烦地介绍公司业务，也考了一系列专业证书，有机会就去带团队，处理各种林林总总的客户需求。H的业务越来越熟，将很多客户发展成了自己的朋友，因为做得实在太好了，H成了这家集团业绩最好的人，比销售经理业务的能力还强。之后他一路提升，四年后被提拔为这家上市公司分公司的业务副总。因为在基层的每个环节都做得很扎实，锤炼出非常强的责任感，做事认真，H才能在后来管理团队时专业且有亲和力。

很多职场成功人士开始时的工作似乎都价值不大且普通，但这些都塑造了他们的个性和对社会的理解认知。看名人传记时发现，他们也都失败过、普通过，但都从中得到了很多对职场和人生的宝贵经验。

尊重工作、有专业的态度，无论什么工作都会做到一定的高度。而如果不尊重自己的工作，哪怕别人再怎么觉得高大上，也是无意义的浪费生命。

五、尊重自己的工作，把每一项工作做好，才有更多机会

随着新技术的发展，很多职业会由机器完成，以前的工作技能会失效。失去工作的那些人往往是平时一直对工作马马虎虎的人，真正尊重工作的人早就认识到这种工作的核心价值所在，也思考过什么样的方法会做得更好。因为认真对待工作往

往是认真对待问题，只要多考虑如何做好工作，就知道未来的路在哪里。

我有位客户自己开公司主要做进口产品贸易，现在也颇有名气了，谁知道他原先只是一家澳洲葡萄酒销售的小公司仓库保管员呢？这家葡萄酒公司只有20人不到，经常有人因为公司太小离职。当人员不够时，他都及时顶上，两年做下来，他这个库管员就学会了报关、报税、仓储、发货、运输、对账、协调会员等技能，透彻地了解了全面业务，后来他的客户出资让他开了现在自己的公司。

再比如，我常年光顾的T所在的大型美容美发连锁机构，据我所知，机构的董事长和CEO最初都是凭一把理发刀实现了从偏远农村到上海买房、买车、成就事业的路，而且公司向美业方向发展，正在谋求上市。我有次遇到他们，他们都认为自己的事业是少数今后不被AI取代的行业，对这个行业充满希望。

这个时代的巨变正以想不到的形式改变着原来的行业，也改变着我们固有的观念，原先高大上的行业可能瞬间变末代，原本不起眼的行业可能一夜之间变风口。现在很多房地产、家居行业的领导和高级经理人原先只是装修工人，他们没读过大学，但因为勤劳、肯动脑筋，借着时代的大势，现在已经做成很大的事业了。

一份工作，只有你投入全部热情将它做得足够好，才能有更多、更好的机会，如果有“大材”，就要有信心在“小用”时表现出更大的潜力。职业发展是看长期的总价值的，从长远来看，很多有成绩的人往往是认真对待工作的人。

六、尊重自己的工作，才能发现这项工作中他人没有意识到价值

很多工作，行内人做的时候根本没有意识到重要性，而行外的人却会苦于资源不足而欣羡不已。

信息不对称是普遍存在的，任何一项专业的分工都有外行不知道的诀窍和辛苦。

有一次，我和国内一位研究睡眠的博士交流，他对睡眠的研究很深入。当时我

和他说可以深入研究下去，但博士很烦恼地表示自己读了这么多年书，也没看到什么商业价值，想出国改行学点神经科学或基因科学方面的知识。我吃惊极了，要知道我们当时正为一个家居公司找这方面的专家人才，年薪最高可以上千万，他只不过是成果尚浅而已。但是他只看到其他行业是多么风光，根本不知道自己所处的行业也很好。

我们公司定期会请候选人给我们讲解各行业的情况，有些候选人总是觉得自己的行业没有什么可讲的，其实风景总是在别处。人往往对自己拥有的东西习以为常，很容易看到自己工作的艰难之处，因为不了解别的工作细节，自然只会看到成果。就像我们的微信朋友圈生活总是高于日常生活一样。

要正确评估自己的工作价值并不容易，只有把每一份自己找到的工作都认真做好，才能真正深入了解这份工作的全部。

职场上要有职业精神，无论是体力劳动还是脑力劳动，付出劳动取得付酬，干得好的人和他们的工作一样都值得尊重。 而不尊重工作的人往往是没有职业精神的人，也很难赢得尊重。

认知七：你的视野局限就是你看世界的局限

朋友老陈和我交流，他女儿小陈研究生毕业后在北京一家大型新能源企业科研部门工作，他希望小陈能回老家找一个研究所或一所高校工作。老陈认为，研究所、高校是事业单位，收入其实比大城市不差多少，还比较自由，而且西部生活成本低，压力也小很多。按老陈的说法：女孩子这辈子安安稳稳就行了。大城市竞争激烈、公司压力大，经常加班，还一直要学习，这种生活又累又难受。

一个人职业选择没有对错，什么样的工作都有价值。西部研究所的工作和北京新能源企业的工作选择，要看小陈个人的性格、能力和风险的偏好。职业生涯如何能实现价值最大化是要不同时期在收益性、成长性和风险之间做出权衡的。职业生涯初期的工作选择往往对个人价值起到非常大的影响，很多起点基本相同的人，过了十年、二十年差距会非常大。

是什么决定了我们的偏好，让我们做出不同的选择，从而不能实现本该有的价值呢？往往是视野影响了职业选择，选择的环境又影响了视野的大小。

一、视野影响对势能的把握

一个人的视野决定了对趋势的把握，决定了未来的走向。顺势而为的人能充分利用时代和环境的红利。

我的一位客户 M，初中毕业，最初被老乡带到上海做理发师，学门手艺、混口饭吃，M 认真学艺且做得不错，后来在上海郊区开了个夫妻理发店。开始很艰难，入不敷出，但 M 还是不断去大美容学校进修，而且坚决不离开上海，不断把店面向市中心靠近，后来看准女性消费能力，又增设了美容这个项目。

M 做了几年，因为老婆帮人美容比自己赚钱多多了，他果断让家里妹妹们都去学美容美甲。M 在和很多客户交流过程中觉得自己学历太低，除了剪头发相关的知识之外什么都不懂，于是继续进修，先是读成人大专、本科，后来读 MBA，EMBA。

在 MBA 班上 M 找了一位医生做合伙人，一起做医美、科美（科学美容），后来又在 EMBA 班认识了同学介绍的投资人，扩大规模。现在 M 的公司是长三角很出名的美容行业大机构，M 有近二十年的美容行业耕耘经验，行业内都尊他为前辈。

1. 视野决定了看世界的标准

视野是我们世界观的表现，世界观影响着人生观、价值观，从而影响着我们对收益、成长、风险的看法，影响着我们是只能看到当下还是看得长远，只能看到局部还是全部。

好的视野会有更高的标准，在职业生涯的初期，如果看到行业内的高标准，往往会产生锚定效应。只有标准设得高才会有足够优秀的动力，小圈子会局限人的想象力。

M经常说，如果当时不到上海，不咬牙到市中心开店，而是一直在家乡或者郊区，就体会不到读书的重要性。不读书就没有好的视野，就没有后来。

世界很大，职场业态也很丰富。很多地方的经济条件、社会环境都在改善，越是原先不发达的地方环境变化越快，很多人生活满足并不代表他们的生活真的好，而是认知上标准不高。他们也很努力或自认为很努力，但是他们努力的目标是较低层次的工作和低层次满足的生活。

2. 视野影响格局

眼界宽，格局大。按汉语词典的解释："格是对认知范围内事物认知的程度，局是指认知范围内所做事情以及事情的结果，合起来称之为格局。"不同的人，对事物的认知范围不一样，所以不同的人，格局不一样。

对世界认识越广、对事物认识越精细，就会产生正确的思想，进而有正确的行动，才有好的收获。世界认识越小，越不了解事物发展机理，就会只关注结果，忽略其中的来龙去脉，无法找出规律和因果。

我曾经无数次听很多人理直气壮地说：只要不偷不抢不懒，怎么会过不上好日子？和M一样手艺好、努力的理发师很多，但他们剪一辈子头发也不会被人看成理发业前辈，只是老师傅罢了。

在中国朴素的观念中也相信天道酬勤，但勤奋并不一定能过上好日子，思维方式和人生格局更加影响生活的质量。有的人努力的目标只是为了满足小格局的生活，自然没有动力向更高层次的生活去拼搏，即使是满足于安逸生活，也很难成为生活专家，经常为一些小事而大动肝火，而家里凌乱破旧也是常态。

3．视野影响对趋势的判断

人类发展的趋势总是在科技推动下不断进步，人类不断追求向更高更好发展，这种趋势往往是势能决定的。

势能原是指重物处于某个高度所具备的能量，是指一个潜在的能量。高势能的选择向低势能事物的选择转化容易。例如，学习上，相对难学又是专业基础的学科就是相对高势能的，学数学、物理的转向学经济、金融、生物就会相对容易，反之则不可能。从城市看，企业集中度高、选择广就是高势能的，从发达地区、大城市到较发达地区、小城市工作相对容易，反之则不易。

中国很多高科技公司创业者都有在国外的求学经历，但越来越多的海归回国就业已经很不容易了，怎么就能确定在国内求学后到国外就能找一份不错的工作呢？职场选择从来就没有正确与错误，但如果没见过、没比较过，一开始就让自己局限于一个小的格局下，无疑是减少了自己选择的可能。认识到环境对视野的影响，在职业选择时就要有意识地选择相对高势能的工作。

二、视野影响职业选择

1．城市选择

老陈和小陈选择城市的标准不同，老陈希望以未来稳定生活为基础，小陈希望选择行业积聚的城市，视野决定了标准不同，也影响了对城市的选择。

如果从职业发展角度来看，要尽量选择能放大自己视野的城市作为职业发展的起点。

随着经济的发展，城市开始分化，各城市根据区位特点也在重新规划定位，不同城市会有不同的产业优势。

选择什么样的城市工作其实也是选择了过什么样的生活。因为城市就是你的大环境，个人是很难脱离环境的。

根据自己对职业和生活的定位，用更广阔的视野考虑城市选择，而不能仅就当下自己的特点选择城市。

①城市规模和商业繁荣度

联合国人口与发展委员会称城区人口数目超过 1000 万的城市为超级城市，2019 年，在中国，上海、北京、广州、深圳、天津、重庆、成都、苏州、武汉等都被确认为人口过千万的超大城市。联合国预测，到 2050 年，全球城市人口比例将达到 75%，超级城市也将成倍出现。所以，城市化、大城市化、超级城市化是历史的发展趋势。

大城市给我们带来了巨大好处的同时，也带来了非常多的商业机会，各个行业的分工更加细化，人们在大城市中也能更好地发展自己的长板，机会更多，小众服务也更能很好发展。

此外，考虑城市吸引力时不仅要看当前的规模，还要看城市人口的流动趋势。除了当下的人口规模，一个城市人口是流入多还是流出多，是一个城市的未来。

②城市资源配套

随着信息、人才的流动，二、三线城市一流人才会流动到一线或者拥有更多机会的城市。名医、名师在二、三线城市越来越少，信息流动反而使教育、医疗类的人才更加聚集在中心城市。大城市的吸引力在短期之内很难改变。

我有个芬兰纸业的客户最初是在上海设工厂，后来被内地一个城市招商引资到中部的一个省会城市，他们的HRD面临的主要问题就是招聘高级人才。他说国际化的人才到内地城市来，生活倒不是问题，最要命的是办事的效率和公平程度差很多，原先在上海很正常的一件事，在×××城市却需要找人找关系，花大量精力在流程上。越是封闭的地方，人情和权力的作用就越大，公平的制度越是相对欠缺。

一线城市资源丰富、就业机会多，但是竞争激烈、压力大，要综合考虑个人和家庭的生活方式。还以小陈为例，她的生活方式很时尚现代，非常喜欢一些小众的活动，比如冰上运动等在北京这样的一线城市很容易找到同好，而在西部城市则很困难。这些都是在大城市生活的好处。

③城市的产业布局和行业集中度

从事任何行业都要选择此行业比较集中的城市。一方面交流多，有利于提高；另一方面，如果以后跳槽可选择的地方也较多。互联网、智能智造、无人驾驶、这些新兴行业都会集中在一线城市或者有企业大量聚集的城市。

金融、咨询类现代服务业在一线城市的布局短期不会改变。这些金字塔顶端的行业往往是现代商业的活力源头所在和表现。而一线城市的高成本的生态压力也使制造等生产性行业纷纷外迁。

二线城市现在确实越建越好，特别是有些工厂内迁，很多人认为机会也会越来越均等。但二线城市即使多了些制造业，也很少是高端制造，慢慢很多工作也会被机器取代。二、三线城市虽然生活压力会小一些，但工作机会也会少很多。

二、三线以下城市的现代服务业，短期内很难形成集聚效应，很难得到提高。

在二线城市发展比较成功的大多是自己所在行业刚好和城市发展相吻合，或者自己工作具有独立性，对一线城市很多资源不依赖的人。

比如我的朋友S原先在北京做培训，现在回到家乡的省会城市，通过互联网做线上培训，仍然每月两次到北京参加业内的交流。但他说幸好自己曾经在北京积累了一定的经验，如果大学毕业直接在家乡起步做培训，资源和眼界都会差很多，事业上升的可能性也会小很多。

2. 行业选择

无论是刚进入职场还是要换行业，都要尽量选择上升趋势的行业。有人执着于所学专业，但你的专业是分段车票，单位是你的车，行业就是车道，专业往往在一段行程后需要更新，单位也是可以换的，车道决定了行车速度的快慢，如果有选择，选择快车道当然更重要。

行业的变迁有时候是不以人的意志为转移的，十年前，我曾经为电视购物公司找过人才，那时都是非常红火的行业，但是随着互联网的迅速发展，这些公司均不复存在。朝阳产业变成了夕阳产业，我们无法预计热门的行业，但我们可以清楚看到大的技术发展。技术的变化一定会带来产业的升级，在选择职业时尽量选择与技术大方向一致的行业。

3. 平台选择

经常有人问我工作选择，是去大公司（一般认为1000人以上为大型企业）、创业公司、外企还是民企。

大平台、大企业往往都会有较成熟的体系流程，有利于建立较高的标准；小企业则更灵活，更有利于个人能力的发挥；外企的制度更成熟更国际化；民企更接地气，更重视人才。

职业初期进入大平台的好处是可以了解这些高标准、开阔眼界，同样在大平台容易找到好的导师。成熟之后可以选择更能充分发挥自己所擅长的平台。

三、视野决定了事业成就

叔本华说过：“每个人都把自己视野的极限当作世界的极限。”我们唯一能做的就是放大自己的视野，让我们的极限变得更大些。向高处走，在选择时尽量选择高势能的选项。

不同的年龄有不同的考虑。但每个人都应该尽可能地扩大视野，争取更好更大的机会，看更大的世界。

我身边也有离开一线城市后取得事业成功的客户，她是一家公司的HR，觉得上海压力太大，然后到了合肥工作。她很快就找到一份500强内地工厂HR经理的工作，还升职加薪了。由于得到重用，她自信心大增、责任心爆棚，工作干得越来越好，薪水也远比在上海时要高了很多，职位很快升到HRD，无论是经济地位还是社会地位，和在上海时一个外地普通白领都很不一样。她自己说，如果一直在上海，可能自己也只是个招聘专员，连经理都不一定当得了。

这正说明她原先在高处，有机会往较低处走，她刚好抓住了机会。这种机会在未来的一段不知长短的时间内也是客观存在的。这个HR如果不是原先在上海，而是原先在小城市，倒过来的可能性就很小。

现在互联网助力，有很多打破地域的新的工作形式，但抓住这些机遇的多是有过比较大的眼界，又能抓住地域差距，发挥出优势的人。

世界的发展、科技的进步从来不以人的意志为转移，网络时代使得交流成本降低，竞争不是区域性的，而是国际性的。虽然中国很大，区域的差异在一段时间内肯定存在，但是随着社会的发展，硬件在迅速提升，现代职场也在不断辐射，职场的规律总是会起作用的。

想要扩大视野、放大格局，就要在物理上到能扩大视野的环境里，接近格局大的人。

认知八：向前一步，发现你的暗能力

S是我们最近帮一家跨国公司在中国寻找的销售总监人选。

S工科专业研究生毕业后，曾经在长三角一家外资生产型企业从事工艺工程师工作，一做就是八年，每次绩效评估都中等，他也被HR和上级经理评价为能力一般。四年前，他跳槽到一家外资大型电子公司做销售支持，没想到他原先没有机会发挥出来的写作和演讲能力被激发出来，成为销售团队最喜欢的销售支持，被销售总监直接抢人。转到销售部门后更是成为金牌销售，成为行业内众多公司争相争夺的人才。在和他多次的交流过程中，他感慨，如果没有转换跑道，他现在可能是一名普通的中年工程师，最多升为主管，天天为保住饭碗发愁。在放弃自己的专业换行之前，他一直认为自己不善言辞，从来没想过还有销售才能。

能力是人对自然探索、认知、改造水平的度量。工作上所说的能力一般是指对人完成工作任务的水平的度量。人的知识、技能和禀赋构成了综合能力，人的能力有多种划分方法，也有很多能力模型，比如胜任力模型、冰山模型等。

一、他人感知的能力

在实际工作中，不仅在于你的能力真正多强，而在于你能表现出多少显能力，能形成一个人竞争力的是他的显能力。这种显能力是需要环境支持的。

很多人的能力是一种“暗能力”，没有环境就不能得到展示，更得不到训练，很多时候是被埋没的。

我们的所有能力在环境里，有时用的程度不同，显示就不同，有的根本用不上。假设小丁是画画能力极强的人，如果他的工作是在动漫企业做主创，漫画能力就会显出10分，如果他的工作是房地产公司销售，他的漫画能力使用接近于0分。

“暗能力” 除了我们自己没有意识到的潜力外，还包括在现有生活或工作中没有机会展示的自己知道的能力。S 的写作和演讲能力即使一直是他的硬能力，但没有呈现的机会，更不要说原先自己都不知道的潜力了。

很多能力如果没有刻意练习，根本没法产生力量。大部分人之所以对工作提不起兴趣或工作多年仍然差强人意，并不是能力差，而是在那些“显能力”上无法体现优势。有些人有较强的自驱力和自控力，属于那种“干什么都干得不错”的人，但也有人必须是能力和工作相吻合才能如鱼得水，将能力发挥出来。

“暗能力”是指如果没有条件展示就在暗处，无人得知，也得不到承认。只有把人放在合适的位置上，把暗能力转成显能力，才能产生优良的成绩。每个人禀赋、天生的特性不同都有一些特别的能力，有合适的环境就可以让一个人在同样条件下更好、更快地出成果，所以要训练和挖掘出暗能力。 S 就是典型的将暗能力挖掘出来的例子。

二、好的跳槽是将暗能力变成显能力

1. 找显能力扩大的工作跳槽

选择职业时，很少有人能想干什么就干什么，环境、资源、信息这些因素构成了一个天然堡垒，我们似乎都在自由生活、自由选择职业，但实际上很难突破这个堡垒。

在职场中，我们可以慢慢调整，选择让我们更能发挥出能力的职业。

在转行跳槽时，很多人会担心从头开始，以前的积累会白费，实际上，除了专业工作技能，还有很多技能是可迁移的。要看新赛道是不是能用上你的基础能力，而且适合你的行业也许还能激发出你的其他“暗能力”从而变成新的“显能力”。

好的工作是让你的能力展示更多的工作，是显能力扩大的过程。

2. 寻找机会，锻炼新的能力肌肉

在原有的环境和职业下，我们会因为工作的要求用到一些能力，这些能力就像肌肉一样会被锻炼。理性的成年人都知道工作不能只凭兴趣，有时候我们对运动没有兴趣，但为了需要也会做得不错。

我们都在特定的行业、职业、道路上选择职业，在这些因素的综合约束下发挥能力，但并不是说我们现在从事的职业一定是我们能力的强项，我们的成就仅止于此。

我们都应该还有一些其他“能力肌肉”，这些就是我们的“暗能力”，如果我们不用，是不会发现更不会起到作用的。

3. 创造机会，展示暗能力

很多人都是误打误撞进入新赛道的，如果我们能有意识地主动转换，事先做一些准备，可能效果会更好。有些事哪怕是源于偶然，但我们在做什么和我们意识到我们在做什么是完全不一样的感觉，后者会帮助我们选择刻意练习，让暗能力走到明处。

想要让我们的暗能力显现出来，显然，我们需要锻炼的机会。

如何将暗能力发挥出来呢？在原有的堡垒中肯定没法锻炼出来，需要创造机会，一一突破。

4. 扩大并甄选信息来源

想要突破现有的能力，就要扩大并甄选对自己可靠有益的信息源，很多恐惧是对未知世界的无知，而无知大多是因为信息有限或错误。我们要尽量得到新行业、新知识准确有效的信息，这样会排除一些恐惧。

①多学习，多阅读

要有迅速学习新行业和新知识的意识，掌握知识不能依靠碎片信息，要训练自己学习新知识的能力。

②向行家咨询，得到更准确的信息

与其自己瞎摸索，不如找专家带着你，如果有条件还可以选择靠谱的培训班系统学习。在信息过载的环境中，真正的行业专家会让你更快、更好地了解要点。

③提高思维能力

有了一定的知识储备后，再看到碎片信息就会与原先的知识形成连接，成为你知识体系的一部分，自己悟到才能真正变成自己的东西。我们在学习的同时最好有输出的习惯。

人能不能向前一步，充分发挥自己的能力，最大的阻碍是恐惧，而恐惧往往来源于不了解自己的能力。

任何人都有原生的资源约束，但成年后要学会理解、了解自己的优势，找到自己的擅长之处，有意识地强化优势、避开劣势，甚至能化劣势为优势。既要充分发挥自己的强项，也要有意识地学会扭转自己的劣势。S 比较喜欢新东西，在生产工作中很容易被评价浮躁，但在销售工作中，他对新事物的敏感度配合原有的生产功底就变成了独有的优势。

④扬长避短，挖掘特长

不擅长“说”就不要以“说”为主要工作，人人都有弱项，避短比补短更重要，要学会挖掘自己擅长的点然后充分放大。

要不断更深入地了解自己，可以借助一些测评工具，如 MBTI、DISC 等工具都有利于更了解自身的特点，这些工具各有特点，可以找专业的机构分析报告。任何一种测评都只是对自己的辅助了解，可以帮助我们在工作中适当所长避短。S 告诉我，他是学习生产的，一直很恐惧销售，从前也没有在人前演讲的任何经历，但后来做一些测评时，都反应他的性格做销售类工作并没有困难。

我们也可以观察自己的工作成果，发展真正的特长。可以经常向周边的人询问自己哪些地方是让他们感觉做得特别好的，通过不同的角度了解自己。S是在做销售支持的过程中不断从外界得到鼓励，自己的“暗能力”才不断得以提高。

可以每周自己写总结周记（我的建议最好是周五下午），“本周中哪一件事，我做得特别好”，从中找出规律，每个月总结，每季度总结，一年下来就能大概知道，自己在哪些事情上做得好，这些能力能否迁移到去做其他工作。

三、寻找能发挥更多暗能力的环境

1. 发挥暗能力需要行动的勇气

普通人无法改变行业的大趋势，一定要顺势而为。不能只在环境中随波逐流，要学会利用环境。

在想改变又犹豫时，不妨多考虑自己有多少事是因为做了而后悔，有多少事是没做而后悔的。我们会看到很多本身基础不好的人，反而更加勇于尝试，因为堡垒不强，不足以阻挡风雨，有时反而容易突破。很多人不敢尝试主要是对未来不确定性的恐惧，没有信心。

每个人都或多或少有这些想法：

怕失去已经拥有的；

不了解新行业新知识；

怕自己没做过，无法胜任；

……

职场上已经做到一定职位的人，往往很难放弃原有的一些利益，一直迟疑拖延到危机被淘汰后才行动。其实任何东西都有保质期，能力也是如此，不应该过于留恋名片职位，要考虑能力的相对含金量，善于利用环境积累，不断提升能力。一项专业能力的体现很多时候也是基础能力的支撑，而基础能力中的技能是可以迁移的，需要从头开始学的只不过是新行业、新环境中的专业知识和技能而已。

2．发挥暗能力需要发掘能够交换的硬技能

无论是已经被发掘训练出来的显能力，还是在暗处的暗能力，如果想要有价值就必须产生可交付的结果，然后去变换。光有软能力还不行，要找到一个能为社会所需要的输出方式，即有能够交换、能够输出的硬能力。

硬能力是重要的可迁移能力，可以立即结合新的行业知识解决问题，而软能力让你走得远，决定了你在这个行业的发展。

3．发挥暗能力需要环境支持

要想让自己的暗能力充分展示在阳光下，就要反本能，不断练习自己不擅长的部分。

①对于已知的能力

选择能够发挥的环境。向前一步，多做一些，寻找更多可以展示能力的机会。

很多时候，对面临的职业困境要加以分析，要看是不是利于自己能力强项的发挥，下一阶段的职业目标也要与核心能力相匹配。

前一段时间我们为外资和民营医院找医生，医生的人才集中地当然是公立医院。公立医院虽然有弊端，但优秀的青年医生很难被挖走，因为他们清楚，想要医术更高，就需要大量病例练习，也需要进行大量学术交流，但在体制外，这种机会就会比公立大医院少，在发展期的年轻医生担心能力得不到磨炼，年富力强的中年专家也担心病源变少，得不到充分发挥，所以有些在公立医院已经有的“显能力”会变成“暗能力”。

做其他工作也是如此，如果没有专业的环境，很难把核心技能练习到专业擅长的水平。

②对于未知的能力

在寻找新机会时要用增量思维，问自己希望增加些什么，不要总觉得自己会失去什么。如果我们已经尽了全力仍然效果不佳，就要考虑现在的工作是否能发挥出自己的能力。

很多暗能力是一种隐含的禀赋，如果没有环境就不会显现，如果没有刻意练习，能力也不能很好地发挥出来。

相对于工作而言，工作我们不是天生就擅长。每个人都有自己的天赋，但不加以练习，就没办法做到擅长。

四、要有意识地多做一些，让暗能力得到更多展示

无论什么情况下，让自己能力更强，让他人感知自己能力更强都是不可缺少的条件。

（1）有规划地参加一些跨行业聚会，有意识地多了解新的知识和方向。

①定期做技能复盘，看看自己的硬能力表现如何，挖掘哪些可能是自己的暗能力，有没有可能变成显能力。

②每年至少一两次了解市场的需求，看自己这个行业与职位方向以及更高层的职位要求的能力有哪些，做出自己的技能差异图。

（2）在本职工作做好的前提下 N+1，永远是提高自己能力的适用性、发掘自己潜力、将暗能力转到明处的不二法则。

（3）发挥自身能力，扩大他人对自己能力的认知。

许多成功人士的与众不同之处在于：他们不以别人对自己的评价来定义自己。他们不相信自己只能按他人制定的标准从事“正常”的行业。所以，勇于做别人不认可的尝试，让自己的能力得到充分显示，从而扩大他人对自己能力的认知。

认知九：建立自己的护城河，提高不可替代性

朋友A要找新工作了，原因是他们公司过完春节后就宣布了一项新的人事任命，空降了一个人做他的上级（总监），这位比他年轻的新总监一来就提拔了他的一位下属和他的平级（经理），年后这段时间，陆续将原先团队的成员分了一大半给这位新经理，同部门还入职了几位新员工。

A本来认为空缺的总监职位是他的，期待年后升职，想不到不仅升职无望，可能还有被淘汰掉的趋势。A说他在这家上市公司工作了十五年，所学专业也很对口，一直稳步发展，并把公司的工程团队扩大到现在的规模，觉得自己在公司非常重要，应该是不可替代的。想不到这两年所处的行业也在变化，不知道什么时候他的工作技能已经能被更年轻的人取代了，而且这些人比他更有工资上的竞争优势。

最令人难过的是，原来他们这个项目和人员调配基本是他负责的，他认为自己威信很高、一呼百应，根本不相信有别人能替代他。但现在他被架空，所有原先的下属除了部分私下表示了同情，都是该干什么干什么。他感慨，原来一个人这么容易被替代。

很多人在工作中曾经做出过不错的成绩，觉得自己的工作很重要，还有人认为自己的工作是不可替代的。

但有时候工作重要，并不代表你重要。工作不可替代，不代表做这份工作的你不可替代。职场变化太快，成为职场不可替代的人是很多人的愿望。

职场上所谓不可替代，就是在一定时间和一定价格的替代上有难度，虽然没有绝对的不可替代，但我们通过提高自己的不可替代性可以加宽我们的职业护城河。

一、影响不可替代性的因素

1．工作的市场价值

一个人希望在职场上难以替代主要是希望自己的市场价值越来越高，市场价值往往是多方面衡量的：

①新进入本行业工作的难度高低

有些知识密集型工作对人才质量要求高、培养难度高、进入难度高，而有些相对单一的工作，进入就比较容易。

②行业的发展和人才的培养难度

比如现在的人工智能行业人才供应较少，人才属于供不应求，可替代性较弱。

③替代者的性价比形成的威胁

不光是更年轻、更高素质的新进入者或同行竞争者会是潜在威胁，现在还经常有机械代替人的事情，重复性的工作会消失，但大部分人并未感觉到自己的工作会快被替代，感觉到有危机的人，也并没有付出任何行动。

④劳动者本身的实力

岗位的胜任力、解决问题的能力、替企业创造效益的能力，任何一个工作提供的高质量的人才都是稀缺的。

想要不可替代就要综合考虑这四方面，必须保持独特性。

2．自身的独特性

①描述指工作可以用分解动作的方法进行职责描述。工作分解是把一个项目按一定的原则分解，项目分解成任务，任务再分解成一项项动作，再把一个个动作分配到每个人的日常活动中，工作中的动作较难以分解、难以定量描述，别人替代你就难。

②可操作指从具体的行为、特征、指标上对工作任务进行描述，将抽象的工作

概念转换成可观察、可测量、可行动的具体项目，如果这种操作需要很长时间才能掌握，别人替代就难。

在现代职场，各种知识技能都可以通过不同渠道得到解释传播，随着传播的成本不断降低，分工不断细化，也就是可描述性在不断增强，一份工作想要维持过去少量传播状态下的“可描述性差”形成的壁垒已经非常困难，不妨多在“可操作性差”中寻找独特性，也就是即便工作职责能描述得很清楚，但实施有相当难度，这样才让替代难度加大。我们经常看到，有些人做的一些工作让人赞叹不已，工作非常出色，很大一部分原因是将自己个人的特长融入工作中，把这份工作做成不可缺少，人也变得替代极难。

每个人自身的特长都有独特性，这也是发挥无限能力的关键。发现自己的特长首先要从行为上自我觉察，比如最感兴趣的事情和精力自然流向就是你的独特性所在。

如果能在工作中将自身的特长充分使用，自然也有了独特性。

二、建立自己的职业护城河

1．不同行业要选择不同策略

刚入行的人需要大量时间的学习，进入难度高，这相当于职场护城河的深度。如果自身条件较好，要尽量选择进入门槛较高的行业。

很多人都希望不用怎么努力就进入一个机会很好的单位，行业自然到了快车道上，自己很幸运遇到了赏识自己的领导、友好宽容的同事……但是实际上，概率非常非常少。

如果自身条件普通，不得不选择进入门槛较低的工作，建议尽量选择可以积累或市场价值较高的工作，用业绩证明自己。例如销售，这是一个入门门槛不高的工作，但各行各业的顶尖销售都是市场极难替代的人才。

所有门槛低的工作，如果确实市场价值高，一定会变得竞争非常激烈。即使你幸运地早进入了一个好行业、好单位，时间也会熨平这种差异，竞争者肯定会越来越强。正如现在很多模式创新的组织，复制相对容易，但竞争相当激烈。

如果竞争不那么激烈的“好”工作，门槛就一定很高。要名校毕业，要英文流利，要资源特殊……确实有道门把很多人挡住了。即使入了门，门里的人也同样会竞争，你的竞争对手起点就很高。

如果你只想选容易的，后面会越来越难。如果任何时候你都选难的，后面的竞争会越来越少。

2．根据科技发展的方向选择职业

职业选择一定要顺势而为。选择有增量的行业无疑就是大方向，这种增量市场往往是因新技术的产生而出现的，这是行业大势。

行业是不是处于上升期，需求量会不会增加，相当于护城河是否有活水流入。

进入一个行业的正确时间很难把握，但方向是否正确在于你未来趋势的把握上。有些即使是门槛较高，但随着新技术或新的范式形成，行业会发生颠覆或改变。

互联网、人工智能、物联网、自动驾驶、智能设备等所有新技术的产生，尤其是穿透式的行业性新技术都会带来行业的变革性发展。不光是普通工作，很多原来传统的高门槛工作，例如金融工作、证券分析等都会受到挑战，广泛运用计算机和AI的行业会让很多人失去工作。

即便都是IT技术背景，原先做软件开发的由于开源的趋势，基本也越来越不值钱了。大数据、人工智能方向的需求量越来越大。

3．需要很长时间积累的能力

一种是工作上能不能有全面的视角，这是护城河的广度。

一种是工作需要很长时间才能掌握的技术，这是护城河的深度。

很多工作做到优秀的程度其实就有转换的余地了。

4. 学会借助时间的力量，形成时间、区域优势

在一个空间内被替代了，可以换到其他的空间。比如一线外企的中年高级人才可以转到民企工作；在美国研发出的最新成果可以选择到国内找到投资落地等。

三、拉高自己的职业发展曲线

市场上越高端的职位，往往能胜任的人越少。以同样的财务职位来看，猎头常会感慨，年薪越低人越多，越高越稀缺。

1. 三种职业发展曲线

任何一项工作，我们把之视为职业发展的一个阶段，最终都可以用发展曲线来表示。

①积累较好的职业发展曲线

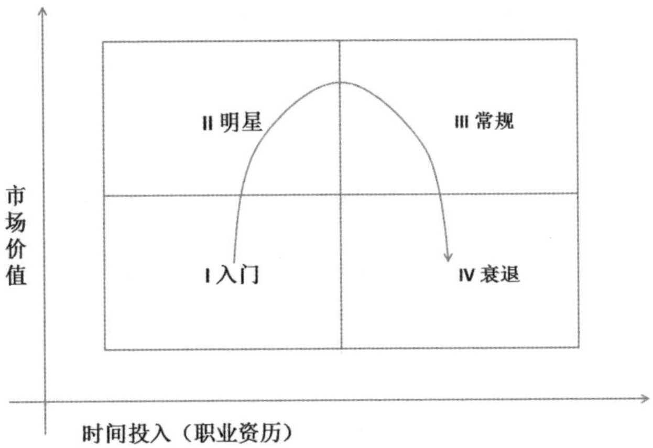

每一份工作都是先从入门开始，慢慢积累经验，提升技能，随着时间推移，工作日渐熟练成为常规，失去新鲜感，然后可能因为自身年龄的原因，也可能因为行业的原因，这份工作最终走向衰退。

②积累普通的职业发展曲线

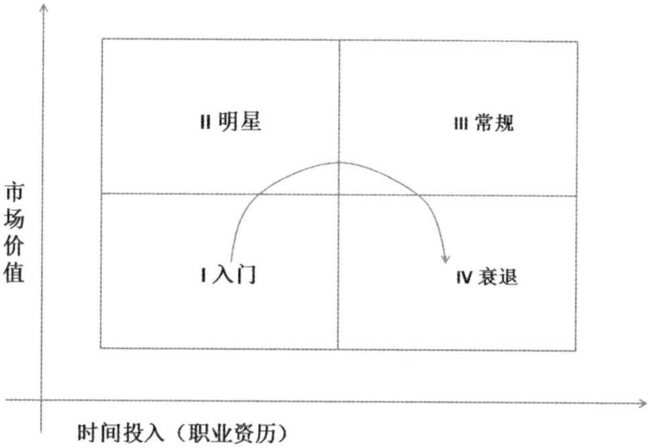

如果工作时努力程度有限、经验积累不够、业绩平平，工作时间、资历和优秀的人也许相差无几，但是职业曲线纵深会相差很大，职业高峰点较低，长期在较低水平徘徊。实际上，绝大部分人职业曲线都不够纵深。

③积累较差的职业发展曲线

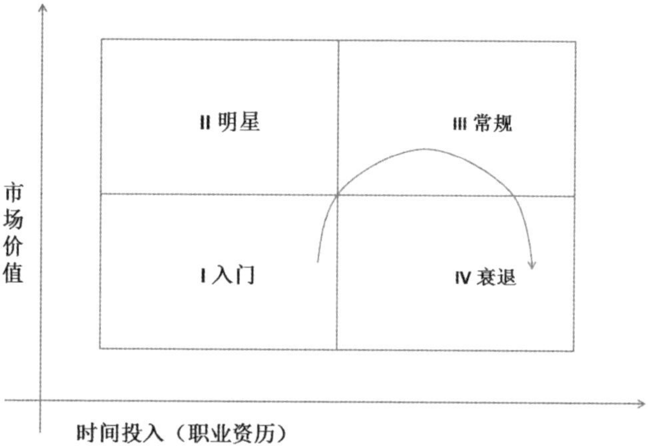

更有甚者，有些积累较差的人，工作一直较差，很可能没有经过明星阶段就直接到了常规阶段，市场价值有限。

同样一份工作，职业到达的高度越高，竞争者越少，被替代难度越大。

优势越大，影响力越大，相对替代难度就越大。优势都是在一段时间，一个范围内进行比较的。要让自己的能力在一个范围内进行比较，比如先在公司里比较×××工作最强，再到行业里最强，再到全国知名，在尽可能更大的范围内扩大影响力。

2. 是不是有合理的价格

市场价格总有客观评估，你的市场价格其实在很大程度上取决于替代者的价格。不能因为你年资增长而薪酬提升，现在技术手段在变化，对市场人才价格的评估也在变化，一旦薪水偏离价值，替代者必然出现。

如果能力不迭代，随着年资增长，功能会退化，性价比越来越差的情况下，被淘汰是早晚的事。

例如A，做到目前的职级后一直处于维持状态，年薪每年在涨，业绩增长却慢了。市场在剧烈变化，他并不能随之改变，年龄带来的经验已经无法适应市场的要求了，更年轻、工资更低的竞争者不难替代他的功能。

如果不想被轻易替代，不妨多想想有哪些可以作为职业护城河的能力，多问自己以下问题：

①你的工作进入门槛高吗？

②你的工作未来的需求量会有什么变化？需求和供给有大的变化可能吗？

③你在这份工作上有什么优势，这些优势在多大范围、多长时间可以维持。

④你的薪水和创造的价值相配吗？

⑤你能在市场上找到愿意提供更高薪酬的公司吗？

⑥你的能力能有产品表达吗？

要想不轻易被替代，只有挖一条深而宽的护城河。

第二章

磨炼技能，成为职场中最有竞争力的人

技能一：提问（学会提问，提高有效回应）

我的一位 HRD 朋友是位非常愿意分享、非常热心的人，前一段时间担任了一个职场平台的问答专家，他做了一段时间，觉得非常无力。

我到高校开讲座和候选人、读者交流时常听人感叹，职场上能有个导师该多好。自己遇到困扰时，也非常希望有一个经验与阅历都很丰富的专家可以指导一下自己。但专家的时间都很宝贵，很多时候如果没有有效提问，往往得不到有效回答。

职场上的问题很多其实是没有对错之分的，如何选择和自己的价值观、身处环境相关。当问题来临时，我们就要在当时的场景、当时的前提下解决问题。

绝大多数问题甚至可以通过自问自答的方式解决。经常有读者在后台给我留言问问题，其实我想说，只要我们自己把问题理清楚，也就知道了答案，只是我们不太愿意相信自己的答案。

提问可以让我们聚焦问题的核心，提高我们的注意力。如果能正确提出问题，想得到有针对性的解答，就必须限定问题的范围，问题问得越清楚，答案就越有针对性。

高质量的问题决定了高质量的答案。所以提问，无论是自问还是求助他人，都要学会一些基本方法。

一、提问前的准备

1. 自我认知

职场的很多问题大致可以概括为：

①我有什么？

②我想要什么？

③我能要什么？

④我应该怎么做？

你是一个什么样的人：个性、价值观、资源、背景、有什么特点、优势、劣势是什么，决定了自己面临不同环境时的选择不同。

职场上常遇到的问题往往是与自我认知模糊相关，而这部分是需要自己不断寻找的，正如问别人“我喜欢什么”没太大意义，问别人“我适合什么”也很难得到准确回答。自我认知可以在别人引导下探寻，却无法代替你完成。

2．自我行动

提问题之前，要先问自己问题的答案是否可轻易在搜索引擎上找到。

现阶段，搜索力是一项很重要的技能，我经常和公司的猎头顾问讲，搜索是一个猎头专业与否的重要标志。

任何一个概念性问题，可事先借助网络平台，如百度、知乎或专业网站解决，如果解决不了再问专家。

如果自己都嫌搜索麻烦、怕花时间，那凭什么认为占用别人的时间就理所应当呢？

3．对回答者的认知

提问前要权衡你求教、提问的对象和你的关系，是你的家人、同事、领导、陌生人还是专家。

这些人的知识、能力、意愿是不是适合回答你的问题？

- 是否有能力回答你的问题？
- 他们为什么要回答你的问题？
- 你付出了什么来得到答案。

因为每个人的时间和精力分配都不一样，如果想让别人愿意回答你，就要尊重别人的时间，有针对性地问出有价值的问题。

职场上最忌的是不思考、不感谢、不尊重别人的时间，期待别人额外做到的事，自己一定也要额外付出一点。

二、对问题本身的限定

1. 一个清晰可回答的问题必须有情境

什么时候、在什么地方、什么样的人、问题发生的时间有多长……

将问题放在情境下有利于分析。因为时间、地点、人物不同，所有相同的问题都会不一样。一个刚毕业的大学生和工作了十年的人可能做同样的工作，拿同样的薪水，但面临的问题一定不同。

在一线城市工作和三四线城市工作的人也会有同样的问题，但解决方法不一样。

环境和自我认知往往是你的情境参照，应该综合考虑到环境做简要说明。

2. 对问题的分类

要先断定问题是哪一类。问题越具体明确，越容易解答。

职场问题各类繁多、涉及面很广，提问前一定要分清问题的种类，各类问题重点是不同的：

A. “是什么”（What?）——事实型问题。问题究竟是什么，是和领导关系不好？还是行业衰退？能力太差？

B. “怎样办”（How?）——方法型问题。怎样提高沟通能力？如何说话？怎样设立目标？怎样谈薪水？

C. “为什么”（Why?）——探究型问题。为什么要离开大城市？为什么我每天加班工作还是完不成？

D.“何时办”（When?）——时限型问题。什么时候是该跳槽？拿完年终奖跳槽好还是不拿年终奖跳槽好？

太笼统的问题需要自己分类，若要问的问题包括多类，就要将问题以类分开。

比如很多人问如何加薪，如何提高自己的能力？其实这些问题包含了很多子问题，最终收到的解答也会相对笼统、不聚焦。

三、学会基本的四步自我提问法

任何别人的经验、指导都只是参考，无论别人的答案是什么样的，都要经过独立的思考，自己判断、行动后总结，将好的流程模式化，形成习惯，成为自己的一部分。

可以经常用四步提问法来解决。

例如曾经有读者A问我，公司内部有机会转岗，自己很想去，但又担心现在的领导不高兴，这个领导对自己早就心存不满，而他也早就不满领导。因为存在续约问题，向我咨询该怎么处理，应该不应该争取转岗机会。

第一步，把问题描述清楚，找出问题的核心。

问题究竟是什么？

把问题搞清楚是解决问题的基础。很多人在遇到问题时根本没有说清楚问题的关键是什么，最后问题多了，却忘了要解决的真正问题是什么。这位A读者的问题看上去是不知道应不应该申请转岗。

但如果将这个问题分解理一理，就会发现问题是由以下结构组成：

①与现在领导合作不好（细述为：工作不是自己喜欢的，领导要求太细，领导是工作狂，无私交）。

②公司内部有转岗机会（细述为：公司一向有这样的政策，可以内部申请，但

这次的机会很好，刚好是自己喜欢的）。

③自己已经在看外面机会了（细述为：和现领导已经合作不下去，大概率上不会再考虑缓和项了）。

④提出转岗，领导会排挤自己（细述为：担心内部转岗不成，领导会不高兴，一年后自己合同到期不续签）。

问题的核心是在这个领导手下很难再愉快干下去，要争取新机会，内部转岗也好，找到更好的工作也好，反正是不想在这里待了。领导高不高兴看上去最重要，其实不重要，因为已经不管怎样都不可能挽回了。

第二步，针对问题的描述提问。

问对问题很重要，要学会淘金式提问，真正不夹杂情绪，只找自己的问题根源。从是什么（What）开始，问实际的情况和理想的差距，沿着问题一直问下去，中间不断问最坏的情况是什么。很多人提问套用5W2H法，但在职场出现问题时，我更推荐多问是什么（What），少问为什么（Why），因为“为什么”往往会让人容易陷入情绪里，很多职场上的问题问为什么并无意义，What更多是找出结论，即使责任也不一定在自己处，但结果如果降临，我们只有先接受这个What的存在。

①在现在这个领导手下出现了什么问题（What）？有没有发展？（先不管喜欢不喜欢这类问题，只问和理想目标的差距）。

回答：和领导风格不符，发展机会肯定没有。

②害怕和他的关系搞僵吗？（真正的恐惧是什么？有压力是因为在潜意识里存在恐惧，要把恐惧找出来）

回答：不害怕，现在就在看机会。

经过几次提问，答应就已经很清楚，按A的价值观，当然会去争取新的岗位机会，成功了更好，即使不成功，A也能承担失败的后果，只不过把窗户纸捅开罢了。

如果把问题剖开，就能回答这个困扰他多日的问题。

这种只是最简单的问题，很多时候我们面临的情况会复杂很多，但我们可以假设各种场景，考虑多种可能，同样会得到根本问题的回答。

第三步，设想出最坏的局面，衡量自己的接受度。

我们可以在问答中不断问自己最坏的情况还有哪些，如果出现了，我们能不能承受。一般情况下，比我们担忧的程度都要差很多，职场上能出现的最坏情况一般都在我们的可控范围，最差就是失业。但如果不设想最差的情况，会让问题变得越来越大，越来越多，影响我们的判断。

问自己，我在担心什么，我担心的最糟糕的情况是什么？我能不能接受？

例如还是 A 的问题：

①如果现在提出转岗，最坏的情况是什么？（最不想面对的事——真实的恐惧，如果面对了，会怎么样）

回答：最坏的结果是新岗位没申请上，领导不满我申请到其他部门。（可以再问第 2 个问题，确定和领导搞僵关系也没什么大不了的）

②那如果得罪领导，让他不满意，最坏的情况会怎么样？

回答：现在的岗位，但还有一年续约，可能会影响续约。

③如果不续约，最坏的情况会怎么样？

回答：找新工作。

④一年后你还愿意跟着这个领导干吗？

回答：现在就不愿意（肯定）。

第四步，考虑是不是有其他的解决方案，让最坏的情况不出现。

行动起来，哪些行动可以改善这种最坏的情况，哪怕只做一点点，就离最坏的情况远一些。如果什么都不能做，那有什么好担心的？

读者 A 的问题，最坏的情况是转岗不成功，那就应该更积极的找新工作。就当最坏的局面已经出现，有一年的时间找工作应该不用担心什么，还可以继续问下去：如果一年也找不到工作，可能性有多大？怎么样才能让自己早日找到工作？

遇到职业困惑时，多问几个问题，尝试自我解答问题，相信不会太纠结。

提问往往是聚焦的一种最好的方式，找到答案的过程往往就是个学习的过程，真正高质量的问题不是找到现成的答案，而是把提问当成整理思路的工具。

技能二：沟通（主动面对，积极反馈，方能掌握主动）

曾经有个客户联系我，希望我帮他换服务的猎头顾问，说我们的这位顾问接了单后，只和客户就职位电话过一次，后面就从来没有主动交流过，推荐过两个人都不合适，客户问过两次，都说还在找人。客户和我很熟悉，虽然知道这个职位很难找，但顾问给他的感觉非常消极。虽然有邮件沟通，但每次都感觉杳无音讯，让人失去希望。我问到这位顾问，果然说一直在找人，但因为很重视这个客户，确实没找到特别合适的人选，不想在没有结果的情况下和客户沟通，怕客户不满。这种情况其实并不少见，即使是已经有一定经验的猎头也会出现这种情况。

其实这不仅是商务往来的感受，在日常职场沟通中也很常见。我的朋友 Z 在外资消费品公司负责一个事业部，有两个部门的工作是最担心的，因为每次交代了工作，部门经理都不及时反馈，中间如果不问也从来没有反馈。Z 说如果是新人还能接受，但怎么都是主管了还这样？我笑称因为他们都认为你公司和你都比较有经验，会帮助他们。Z 很烦恼地说：他们自己不讲我怎么能知道他会遇到什么，我当年遇到的问题肯定和他们遇到的不一样，不跟我交流，我如何用经验去帮他？

沟通是职场技能中必备的技能，在工作中，甚至是最重要的技能。绝大部分职场成功人士都是沟通能力极强的高手。主动面对、积极反馈才能掌握主动。

一、不要成为沟通黑洞

沟通时我们经常会遇到这种情况，一方反馈总是不及时，或者没有反馈。很多人不是能力不行，而是沟通不力影响了职场晋升之路。我一向用沟通黑洞来形容这种情况，好像你在向一个黑洞在说话，无论你说了什么，都被黑洞所吞噬，没有反馈、没有回音。

很多管理者和我讲，不怕下属技能不够，而怕交代了工作，中间遇到问题没有反馈，这样会造成只有信息的单向发送，却没有回音。接收到信息及时回复是职场中的基本原则，但很多人却没能做到，一不小心就成了沟通黑洞。

很多时候一方成为沟通黑洞不是不想沟通，而是遇到了自己一时拿不准的事，习惯性自我防御，总觉得如果自己不发声，对方就会忽略，这是一种典型的鸵鸟想法。每个人都会遇到自己力不能及或者不确定、不能完成的情况，不想面对而已。

关于沟通有很多书可看，有很多技巧可学，可是任何一门技巧的基础都要建立在双方有交流的情况下。

二、解决问题需要双方参与才能有效

倾听是沟通的重要组成，但有效倾听必须有互动，如果是让信息传递方感觉毫无反应，就变成了最无效的沟通。

职场上遇到再难的境况也需要积极沟通，沟通才有解决问题的可能。

1. 沟通必须是相互的，有双方或多方参与

如果只有单向的信息传递，那不是沟通，而是传达。尤其是出现问题，容易从自己的角度去理解，即使原本双方不是恶意，也可能会恶化处境，带来误解。

在职场上基本的沟通原则是：收到一条信息（无论是口头还是书面）时，即使不知道如何回答处理，也要回复已经收到，会尽早处理答复。同样，发出信息的人，也要确保对方已经收到且理解无误。

2. 语言会影响行动

人的语言其实是一种行动的仪式。

职场上我们都会遇到这样的事：遇到了问题却还没有取得进展，我们面对交不出成绩的尴尬又不想被认为在找借口，于是采取回避或拖延的策略。但是如果不让对方懂你怎么想，遇到了什么问题，如何会有解决方案？问题并不会像我们希望的那样消失，反而往往会在拖延的过程中被放大。

当我们正面和对方沟通问题时，也整理了思路，让对方看到我们在行动。

遇到问题，要学会积极倾听，不只是听见，而是有反应，表达出积极的态度。所以在回复对方已经收到并正确理解的同时，应该表达积极的态度，例如：表达会尽快了解详情，负起责任，在 ×× 期限内回复。

我们语言越粗糙、越模糊、越贫乏、越简单，行动就很难高效。尽量用积极的语言影响对方也会影响自己，语言既表现了力量也传达了信心。

3．必须要用对方接受的沟通方式。

不同的人有不同偏好的沟通方式，真正的沟通高手都强调要与对方同频，让对方能感受到亲切感。而我们看到在职场和生活中，有很多人坚持自己习惯的沟通方式，不考虑沟通的对象和情境，就会造成沟通达不到预期效果。每个人喜好不同，有的人不喜欢语言沟通，喜欢用微信、QQ 之类的沟通工具，有的人觉得这种方式很不正式，有的人喜欢将工作和生活完全分开，有的人认为工作更重要。

沟通中的白金法则是别人希望你怎么对他，你就怎么对他。例子中的 Z 就非常头疼她的下属总喜欢用微信来传递正式的文件，而不是用更正式的邮箱发送文件。

沟通最重要的是互动，互动越多越深入，沟通越有效。让对方感受舒适和放松的沟通方式才能让对方认可。

4．必须根据情境用有效率的方式

现在网络沟通工具普遍，作为非正式的辅助还是非常不错的，但在正式商务沟通上，尤其是出了问题的时候，网络并不是最有效的沟通方式。

我的那位猎头同事也是在遇到坏消息不得不和客户联系时，选择电子邮件通知，因为这样似乎就可以避免直接面对客户的挑战。其实越是坏消息、紧急事项越需要用电话甚至面对面来沟通协调。

试问一下，如果发生了火灾、车祸，你是不是发封邮件给 110 ？所以越是紧急的事、越是重要的事、越是不想面对的事，越要尽可能消除隔阂，如果不能见面，也一定要用电话沟通才能表明态度。

三、拒绝沟通黑洞，主动积极沟通

认识到沟通黑洞是不能解决任何问题，就一定不能成为制造黑洞的人。其实只要我们稍微做一点改变，改变的可能就是结果。

1．主动面对问题

有时候不反应其实也是一种反应，让人感觉冷漠、不关心。我们在不愿意主动面对问题的时候，往往是对承担责任和后果的抗拒，这时候也将权利交给了别人。

2．沟通时先想后果，再去反映

不要默认对方一定能理解你的想法，解决问题一定要让对方理解。从希望达成的后果上来考虑自己的交流方式和用词，尽量不回避。

3. 养成积极互动的沟通习惯

沟通可以体现一个人的习惯，要养成及时回复、良性互动的好习惯。有经验的管理者观察一个人的行动力和执行力时经常会看他回复邮件和处理问题的时效。有些人工作邮件回复非常迅速，即使无法处理也会告诉你收到，有些人则会让邮件石沉大海。有些人遇到问题会主动和你沟通，而有些人的沟通极为被动。

这往往也是他们真实的沟通能力，而沟通能力是工作能力中重要的一部分。尤其做到管理者，这是不可或缺的一项能力。

四、学会处理沟通的层次

生活中要根据人与人之间的社交距离掌握沟通的层次。从安全性角度不断深入原则，根据交情深浅不断试探彼此的安全边界，让双方达到一个彼此舒服、能接受的沟通距离。

如果没有注意沟通中的层次，深层次关系谈浅层话题没关系，反之则不妥，我们常说的“交浅言深”就是这个问题，这也是职场新人常犯的错误。职场和生活不同，职场交流更要注意话题和交流的分寸，尽量多体现自己职业化的一方面，沟通中多对事实少对人身进行评价和议论。

职场交流时遇到一些私人问题，比如互问薪水、打探领导的私事、道听途说地批评对方单位、家长里短的烦恼等都尽量不要在职场上过多卷入。

要拒绝成为黑洞式的人，也不要成为小喇叭式的人。

掌握好沟通的层次和界限，主动沟通，越是困难，越要沟通，能者与庸者的差异往往在此。

技能三：情绪（如何克服焦虑，缓减压力）

曾经有位互联网公司运营岗的女孩小 C 哭着半夜发微信给我，说自己打了一天电话，本来答应协助公司的客户全因为各种原因拒绝，影响了项目进度，其他部门的同事说话也不好听，明天就是另一个项目的最后期限，报告却怎么也做不好。最晚一班地铁已经走了，只能自己在办公室流泪，简直崩溃。在她看来每件事都应该做好的，但一件也做不好，她不用看领导的脸色就已经觉得自己无用之极了，今天没地铁了，也回不了家了，明天就想辞职。

很多读者说过工作中常有不开心或者觉得很焦虑的情况，工作中自己搞砸了事、事情太多、能力不够……常常觉得压力很大、有无力感，觉得一直疲于奔命，体会不到乐趣。工作压力太大时，人会怀疑自己的能力，有时候甚至会跳槽逃避。

职场焦虑是一种普遍存在的心理状态。而职场人成熟的标志就是能控制住这种心理状态，控制好自己的情绪。

一、负面情绪来源

1．对资源不足的恐惧

经济压力、时间压力、信息不足、能力不足都会让人有无能为力的感觉。完不成任务、不知道如何完成任务都会让人焦虑不已。

2．对未知的恐惧

对所有未知的事物都有不确定、失控的感受。会不会受到惩罚、会不会有不可知的可怕后果这种想法往往能带来很大压力。科技发展迅猛、行业变化快，很多人会觉得跟不上时代的步伐，有“知识焦虑症”。

3．对拒绝，否定的恐惧

“别人会如何看我”是社会人普遍存在的压力。

4．事情的复杂性超出自己经验带来的压力

每个人都有处理事务能力的极限， 事务过多、过杂、过度紧张会让我们压力倍增。

5．与参照物的过度比较带来的压力

社交媒体上很容易将自己的生活与别人所展示的进行比较，容易让我们产生压力，或者心生不满与沮丧。

××× 公司创始人赚了 15 亿；00 后的女生，靠写公众号文案月入 10 万；90 后的 ×××，都是大公司副总裁了；校友 ××× 进了 30 岁以下的福布斯富豪榜……这种消息每天都会冲进我们的视线。

人与人比较，有时会让人产生动力，但当与比较对象差距过大时，我们的动力就会在超强的压力下不断降低，直到完全消失。

工作中难免有不如人意的情况，生活中的压力更是处处都有。

适度的压力会让我们的行动表现达到最佳状态，可以解释为积极的压力或动力。只要压力在可接受的范围内，我们便会保持积极主动的态度。当我们的生活按部就班时，我们也能冷静地处理各种事务。但当压力不断增加，有时突然超出我们忍受的临界，我们就会条件反射，会焦虑愤怒，我们容易围绕着同一个想法原地打转，不断回到出发点，陷入困境之中，不断重复一些没有实际效果和意义的行动，会让人极为沮丧、失去信心、质疑一切，会做出我们平时不会做的行为。

二、控制情绪的能力是一个人职场成就高低的重要因素

我们焦虑愤怒，往往都是因为压力太大，太多事情超出我们习惯掌控的范围，

大脑习惯的节能模式让我们凭直觉反应就是抗拒这样的困扰。

能够保持积极活跃的工作状态与个人精神状态密不可分。一旦我们的思维动起来去解决问题，问题就不会困扰我们，我们也没时间焦虑了。

1．察觉

焦虑的产生是由于我们将事情感知成“危险的”“不可控的”，很多时候为了缓解焦虑、我们需要换个视角去看待事情。

我们的压力一般可以分为两种来源，一种是日常工作的积累，这种是积累式的；一种是突然事件的打击，这种是脉冲式的。

①积累式压力

有段时间，我工作压力极大，极度紧张忙碌，有时一天下来浑身肌肉酸痛，甚至颈椎还出了问题，常有情绪不佳的现象。因为过度投入，经常不知不觉就僵硬起来，这是积累式的压力。

②脉冲式压力

有时候我们会遇到一些突然的打击，这种是脉冲式的压力。我们也要训练自己，觉得自己情绪有点失控，一定要从事件中暂时抽出身来。 我们遇到问题和打击，沮丧失望时要清醒地认识到这只是心理强度不够，不能勉强为之，提醒要适当有弹性。

有时候，两种形式压力都会有，比如前文那位小C，既有工作不顺利、同事关系不协调积累的压力，又有赶不上地铁、完不成明天报告脉冲式的压力，积累式压力遇到脉冲式压力导致了情绪的爆发，很容易出现过激行为。

2．停止、转移注意力

对于积累式的压力，要学会调整节奏。不能无视长期工作压力，压力积累多了，遇到事情就容易失控。

当觉察到自己的情绪一直绷得比较紧，已经积累到影响身体健康的程度，我是这么做的：在办公桌的镜子下放一只漂亮的旧手套，提醒自己要有一定弹性，让自己放松，软一点，顺带再抬头照下镜子，把眉头展开。还在手机上设置了提醒，每到整点就站起来走一走。

工作压力大还可以用列清单的方式，每天将需要做的工作列好清单，做好分类。比如可以分为：立即去做、定时去做、交给他人，将大型工作分解处理，分解压力。如果能养成定期自我复盘的习惯就更好了。具体方法有两种：

①冷静下来处理问题

对于脉冲式的事件或项目，训练自己遇到问题先冷静下来，调整呼吸，慢下来，先停止行动，在焦虑状态下做得越多错得越多。在做下一步行动前，把纷杂的问题列个清单，写下来，在写的时候心能静下来，能慢慢找到头绪。

②从不同角度看问题

遇到别人的问题，我们经常能做出理性的推断，可是到我们自己，经常就不是那么客观。当我们专心致志做某些事时，会对这件事高度警觉，我们越注意一件事，视野就会越受局限，从而忽略了其他的事物，容易变得思维窄化，觉察到自己的需求，及时把注意力转移。

比如阅读成功故事时，我们很容易有模仿的冲动，这时要学会分辨哪些是现在可以模仿的，哪些是以后才能模仿的。让自己冷静下来，将注意力转移到自身特点上。

在焦虑不安的时候，我们往往会忽视对自己形象的管理，心不在焉、情绪低落时，肯定言辞也很难友好。记得我的朋友 J 原先所在的 500 强公司裁员，她得到的离职辅导建议就是保持每天化妆，穿得漂亮些。把自己打扮修饰一下，精神会为之一振。

实际上，我们外在往往会影响我们的内在，适当将注意力关注到一些别的兴趣爱好上有利于缓解焦虑。你的注意力投注到哪里，精力的情感就到哪里。当压力过大、焦虑不安时，不妨转移一下注意力，听音乐、去绿地上散步、适度运动……总之，做点能让你放松的事，在放松的状态下我们才能真正取得好效果。

3. 将自己从情绪中剥离，换位思考

有时候是很难从紧张沮丧的情绪中抽身的，不妨多换位思考，用第三方的角度看这件事。最常见的方法是将自己代入别的角色。

①把自己当朋友

有时压力太大或者搞砸了事时会自责，进而产生无力感。我们从小就习惯了严格要求自己，但我们对朋友往往会比较宽容。当遇到问题时，也可以想一想，你最好的朋友会怎么对自己。当然，如果没有好朋友，也可以自己想象一个朋友，遇到问题时真正的朋友也会安慰你、帮助你。

要不断自问、整理问题、自己安抚的过程中，你也会慢慢找到解决方案。

②把自己当孩子

按照人的情感顺序一般来说，最爱你的人依次是父母、配偶、儿女，但你爱的人往往是倒过来的，最爱儿女。

如果有孩子的人可以把自己当孩子，没有孩子的也可以想想自己的父母看自己遇到这些事时会怎么对自己说。

③把自己当他人

很多成功者都有自己的偶像或榜样，从小到大，每个人都应该有自己的导师和偶像。感觉很大压力时，不妨想一想，如果出现了这种情况，你的偶像会怎么做。

比如，我小时候喜欢看名人回忆录。我喜欢的作家是丘吉尔，他作为二战时的英国首相，获得过诺贝尔文学，在巨大的战争压力下还能笔耕不辍。当我压力很大时会以他为榜样，自然觉得自己的压力不值一提。

4. 表达、释放压力

①表达自己的需求

总是有很多禁忌阻止我们清楚明白地陈述事实，直截了当地提出问题，我们害怕受伤害，害怕受拒绝；害怕能力受质疑、担心别人会怎么想，生怕自己举止欠佳，害怕影响形象。

工作中的大部分压力都可以通过直接表达或沟通来解决，心平气和地坐下聊聊，如果期待对方能读懂我们的言外之意，可能它就真的只停留在表面了。直截了当地去问对方远比回避问题引起的误解少。

②表达自己的情绪

压力和情绪息息相关，正确表达会有助于疏导。

训练自己说出心中的真实想法，试着表达自己的情绪。

职场上学会表达、适当求助很重要，像小 C 这种事，完全可以承认自己能力、资源有所不足，在过程中向同事和上级寻求帮助，而不是一个人默默接受远超自己能力的工作负担。

正确评价自己才能关心别人，意识到不足才能向别人学习，在职场中合理求助是成熟的做法。

③考虑最坏的情况

写下最坏的情况，看自己能不能接受。如果能行动起来，做一点事就能离坏的结果远一些。

5. 保持身心平衡

①培养积极情绪

担忧、恐惧与焦虑都是情绪能量的垃圾，我们要学会用希望、信念来取代它。平时要多接触正面积极的信息，养成积极心态，提高抗压能力。接触正能量，把我们想要建立的行为不断重复训练到建立一个新的行为。比如保持微笑，保持信心十足的样子，阅读积极读物，和正能量的人多交流。

②多记录，多反思

焦虑是一种来自身体内部的预警信号，它提示我们需要对压力做出处理和反应。如果我们据此进行了恰当反应 ，那它自然就是健康的，让自己能力更强。如果沉迷于某些消极想法，它甚至能让我们不堪重负、崩溃甚至怀疑人生。焦虑正式提醒我们已经走出自己的舒适区，大脑以这种挑战的方式激励我们继续成长，不断提高，持续发展，成长是对积极迎接挑战的馈赠，无挑战不成长。

可以增强自己对生活的控制感。比如，经常写日记，尤其是感恩日记，让正能量包围自己。

三、心理承受力也像肌肉一样，也需要锻炼

工作中遇到一些力所不能及的事很正常，心理波动也是正常的过程，但我们不能打击过后就逃避，所有问题导致的心理压力，在每次面对后都要提醒我们提升一些能力的训练。

我们要鼓励自己，有时候甚至要安慰自己，但不是就此结束，真正面对问题的还是休息后的积极行动。

学会分解问题，找到提高自己能力的方法，提升自己心理耐受度。情绪稳定的人抗压性就会好一些，情绪不稳定的人容易焦虑。

比如那位小C，在对我倾诉过后，稍一引导就能认识到是沟通技巧不够，尤其是电话沟通的效率较低，导致客户经常会有误解。她选择的处理方法是先从培训网上电话沟通的免费课程听起。很快就起了些作用，她增强了信心，又能看到公司的好处，同事的善意、工作的意义似乎又有了，人生似乎也没那么悲惨了。

很多时候，我们要察觉自己心理焦虑，不要任由其发展为不可控的坏情绪，不要以硬“熬”的心态，而是要坦然面对，平和地和自己对话，顺利度过事业低谷。

技能四：精力（管理精力胜过管理时间）

前段时间，一家跨国化工业巨头委托我们找几位总监以上的高管，职位要求各不相同，但我们和CHRO（首席人力资源官）交流时，董事会提出的软性要求之一是精力一定要很旺盛。这位CHRO也说，他有二十多年的跨行业跨公司经验，能做到高管一般能力都没有问题，但能做到这行业高管的也有一定的资历年龄了，如果不会管理自己的精力，处理大量的复杂事务，就会出现精力不济、心力不足的情况。这在他们用过的经理人中非常常见，他分享他以前带过的一位HRD，前往东南亚国家时因为连日奔波，处理当地罢工事件时突然晕倒，让事情变得更不可收拾。所以他们特别强调，在职场上打拼，没有好精力，一定走不远。

一个人成就的大小，很大部分取决于你投入多少精力在重要工作上，而不仅是时间，精力好、注意力集中，相当于做事投入的密度高。

精力管理要管理体能精力，也要管理情绪、精神、专注力、成就感。提高精力的方法无外乎两点：一是增强精力，二是减少损耗。

一、精力管理重于时间管理

时间是刚性的，精力是有弹性的。每个人每天的时间都是固定的，职场中有很多任务，但固定时间里处理多少数量和质量的任务、产出多少成果决定了职场的成就。

一个人的状态和效率受制于自身的能量和精力。有时候一个人的“气场”确实反映出办事的能力效率。职场中，精神好的人会更有魅力，而疲惫紧张的人很难有气场，没有好的状态，工作效率也会打折扣。

精力管理远比时间管理更重要。在知识经济的时代，质量远重于数量。

二、精力管理的硬件管理

精力管理的基础是管理体力和体能。

1. 增强体力

每个人都应该了解自己精力补充和消耗的特点，有的人爱静，在人多时会很厌烦，消耗精力，有人恰恰相反，人越多精力越好，与人交流是补充能量的方式。我们无法完全复制别人补充精力的办法，但身体总有基本规律。早睡早起、注意营养、适度运动、控制不良嗜好，养成良好的生活习惯。好的习惯是储蓄罐，平时往里面存，用时才有的取。

平时注意观察自己体力、意志、能量的特点，找对合适的方法，让自己保持精力。

2. 保持良好的生活习惯

健康的生活习惯是身体好、精力旺盛的基础。现代生活有太多诱惑，合成食品、碳酸饮料已经成了生活中难以完全避免的东西。吃好睡好保养好，饮食、睡眠是基础，个人卫生是保障，尽量改掉或控制住毁掉健康的习惯。将自律的生活变成生活的习惯。

营养学、神经学、运动学的基本知识应该是现代知识体系的一部分。健康生活需要一点自制力。

3. 有效休息

早睡早起成了都市人的奢侈品。其实睡前不看电子设备，减少对睡眠的干扰、保证睡眠时间和质量是精力保持的必要条件。如果睡眠质量不好，要尽量找办法改善，总有办法会好一点。

永远不要忽略身体休息，身体状况决定精力状况。在疲劳前就注意适当休息，可以学习冥想等精神体操。

4. 适度运动

身体保养是一生的工程，与生活质量和工作质量紧密相关，适度科学运动也是不断消耗和补充精力最健康的方法。

为了维持体力，就需要持续不断地做出努力。一般来说，都市职场人每天要有基本的活动量，每周至少两次半小时以上的有氧运动。

要先清晰自己健身运动的目的和愿意付出的时间成本再合理安排运动。运动如果没有养成习惯，本身就是一件很耗精力的事，要建立良性循环。

5. 合理饮食

在办公室工作的很多人运动量都不足，常年在空调环境中，要注意每日饮水。

注意科学饮食，不仅看吃的数量和质量，也会更注意吃的顺序，对维生素、碳水化合物、脂肪、蛋白质等要有序摄入。

不脱水很重要，却很容易被忽视。渴的时候往往是身体有脱水可能的时候。曾经有段时间一直觉得渴，皮肤和精力都有干涸的感觉，很容易疲惫烦躁，后来我开始水杯不离身，症状就慢慢有所缓解。

每日保证维生素和矿物质合理搭配，少荤多素，关注每日摄入热量，适当轻断食。

分享零食是很多职场中人，尤其是白领办公室的做法，这也是很好的与同事相处的方法。尽量多分享健康的小食比如坚果、巧克力、水果等，少分享奶茶等高热量、低营养的食品。

6. 减少损耗

现代人生活节奏快，每个人都应该花更多的时间了解身体，了解自己能量补充和消耗的规律。

①尽量减少对易躁环境的接触

虽然有些人喜静、有人喜动，但过于嘈杂的环境容易让人疲倦。有很多科学研究都表明长期在车站、机场、高速路等环境下工作的人容易烦躁，工作时间不宜过长。我们也要观察容易让自己烦躁的环境，尽量减少接触或者想出缓解的方法。

②戒掉不良嗜好

人人都知道有些嗜好是不好的，但很多人将这些看成减压方式。也有些人沉迷网络、沉迷游戏。过度沉迷、打破正常的作息就是种无形的损耗。所以，对于任何成瘾的行为，一定要看是否损耗精力，尽量用好的习惯代替坏习惯。

③定期体检，做好预防

疾病是最大的损耗。

职场工作很忙，很多人一直到身体极不舒服时才会去医院，往往为时已晚。任何病都是预防重于治疗，一方面保持良好的生活习惯，另一方面，也要定期体检。成年人应该至少半年洗一次牙，每年体检，及时治好慢性疾病。

很多我们认为的小毛病，长期不予理会，都会损耗我们的精力。疾病只要在早期发现、及时治疗，改进生活习惯就能得到根治或缓解。在病痛不适时谁也难以保证情绪饱满，所以应该觉察身体的信号。在精力不济、效率低下就应该休息，保持身体的状态良好。

三、精力管理的软件管理

1．情绪

情绪阻力是指一些让我们难以承受的负面情绪，无论何时，只要你长期处于负面情绪中，你的精力就会不断被消耗，身体会对负面情绪作出反应。

①释放压力

压力过大容易让人易怒、焦虑，很难有好的精力。所以要学会减压的方法，控制不良情绪。我们要学会管理情绪，总结出对自己有效的方法，将问题写下来。如果能将困扰自己的事写下来、说出来、做出计划、评估后果、可以行动，压力就会大大缓解。

②兴趣爱好

每个人都有适合自己补充能量的方式，要注意观察，哪些情况下自己精力更加充沛。比如，有人爱听音乐，有人爱阅读，有人爱 K 歌，有人爱养花……有些兴趣爱好是很好的减压方式，有益于补充精力。

③避免过度纠结

很多时候思虑过度，不仅浪费时间也浪费精力。很多时候行动比空想要好很多，很多无解困难的事情如同坚冰在行动中会逐步融解。

2．精神

精神往往来自明确的目标。并非每个人都有使命或目标，没有它们，你的生活也会正常运转，但很容易得过且过。

工作占用了成年人生活中大半的时间，成年人大半的进步也来源于工作，人生如马拉松，工作如接力跑，要在中途不断找新的坐标才不会迷路。工作和生活中也要不断找阶段性的目标，才能保持良好的精神面貌。

职场中人经常会为眼前的工作失去热情，不妨常问自己，三年、五年后自己想要成为什么样的人？现在做的事对自己三年、五年之后的自己有帮助吗？

一辈子做一项工作的人也未必能成专家，而投入地做一件事，专注于你的目标大概率会有所成。如果精神涣散、注意力不集中，是不可能和一个专注的人取得同样结果的。

3．注意力

现代社会，总有很多任务同时进行，很多人觉得多项任务同时处理可以提高效率。殊不知，真正需要集中注意力的工作是无法同时进行的，从一项事务转到另一个事务的时候，一定会有一部分注意力资源丢失。

我以前经常同时和几个人在微信上沟通，觉得这样效率很高。有一次，我对公司内部的一件事评价说，这件事不靠谱，团队不要继续再讨论下去了。过了一会儿，有位朋友发微信问我“为什么对 ×× 老师有意见”，我非常惊异，我根本不认识 ××× 老师，有什么意见呢，仔细一查才发现，这位老师在某个群里刚上完课，我也刚好在这个群里，我却误将对公司内部人员讲的话发到这个群里，非常尴尬。

当我们不能集中注意力的时候，不仅很容易被他人打断，而且无关的思绪也会影响我们当前活动。你能抛开的想法越多，注意力就越集中，当你清理大脑时，你的直觉和创造力就会开始工作。

即使有很多事情需要处理，我们也可以一次只关注一件事情，我们需要确保当天必须完成的重要事情，同时把注意力集中在正在做的事情上。

当注意力集中在当前所做的事情时，效率会更高，获得的成就也就更多。在需要集中注意力时，可以选择不受打扰的空间，关掉或暂时离开电子设备，定好时间，只处理这一件事。我在需要专注时，也常用番茄工作法，定好倒计时 25 分钟，在此期间不处理任何其他的事，这样一旦深入进去，会发现工作处理效率特别高。

4．成就感

虽然我们对某件事物设定了目标或者愿景，但却从不充分审视自己所作所为的动机，大多数人都不会停下来想一想自己究竟在干什么。很多人工作一段时间，就会出现工作倦怠，精力耗尽、疲惫不堪，但是一娱乐、休闲时就会精神抖擞，其实非常关键的是没有在工作中感受到成就感，工作成果得不到认可，没有将当下枯燥的工作和成就感相连。

我们公司有一位业绩优秀的猎头顾问是业内著名的精力旺盛的工作狂。她初入行时曾经六个月没有成交一单，觉得这份工作非常辛苦，经常加班，年纪轻轻就觉得身体不堪重负，已经准备好了辞职报告，刚好在交接期间得到客户 Offer 候选人的消息，候选人从美国打来电话特地感谢她，她就收回了辞职报告。后来候选人举家回国，她的工作改变了候选人一家的生活。她也改变了对这份工作的看法，她告诉我，后来每遇到一些挫折，她就会想工作的意义，随着工作经验越来越丰富，她渐渐成了业内知名的猎头，经常神采飞扬地分享她的工作经历。

很多优秀的人才，刚进入一个行业时懵懵懂懂，也只是认认真真做好手头简单的工作，但往往是因为工作认真，从工作中得到认可，获得正反馈，找到工作的意义，也获得了内在的动力。

很多成功人士虽然工作繁忙，仍然保持非常好的精力状态，除了基因和良好的生活习惯，最重要的是能从工作中得到意义。一个人要活得有质量和意义，就需要为他人和社会带来价值。从工作中得到成就和意义的人更能保持良好的精力。

四、掌握自己能量输入输出的规律

人的精力像钟摆一样，在一个范围波动，每个人精力摆动的范围不同，各有规律。

成年后，一个人的“能量池”一般是稳定的，就如充电宝的电量有最大额度。想要精力充沛，就要有意识地“修炼”，不断突破自己的极限。

我们经常会看到很多精力旺盛不衰的人有一些共同的特点，除了生活规律外，还都保持强烈的好奇心和学习力。有计划地经常学习新知识、探索新领域、接受新挑战应该就是升级精力容器的方法。

1. 补充能力

每个人的性格、体力、工作性质不同，对能量的要求也不同。要根据自己的规律释放、补充能力。一件事要么好好做，要么不花精力时间去做。而好好做最关键的点就是需要有参与感。即使看文章、看书，也尽量写读后感，就算几个字，也会有更深的印象，这是对自身时间精力的负责。始终作为旁观者就不会有责任感和成就感，最好的提高方法不是不断学（输入），而是学习了然后不断做（践行、输出）。当能力提高时，能量场就会扩大，气场自然也提高了。

2. 常做总结复盘，掌握自身规律

自己的身体精神都有一定规律，如果注意观察，可以把精力最旺盛的时间用在最重要的工作上，这样可以取得更大的成就。固定安排总结复盘的时间，可以计划反思，经常总结自己在什么状况下表现更好，什么情况下容易疲倦，避免损耗行为。

3. 聚焦精力和能量

除了减少能量的损耗，也要减少能量的不当使用。如果精力能量没有用在恰当的地方其实也是一种浪费。我们平时应该注意减少选择项，过简单而自律的生活。

各大传奇人物的极简生活不需赘述了。就我本人而言，非常受益于减少生活的选择项。以下是一些节省精力的建议：

①尽可能换好用的办公设备，不再花时间和精力去比价，尽量网购、买正版。

②个人生活琐事能外包就外包，花钱买时间。要充分利用网络享受现代生活的便利。

③将工作上的社交工作餐约在中午，时间更可控，精力更集中。

④固定好选择，减少决策的精力损耗。

⑤经常提醒自己，不为小事抓狂，生命中有太多重要的人和事，有太多的美好，仰望星空永远比看着泥泞更重要。

⑥用精力最佳的时间攻克难题，精力集中攻克主要的目标。

4. 平时建立“能量宝库”

①收集正能量的文章

人的情绪会直接影响能量，又会影响精力的发挥，平时注意收集一些让你深有感触、振奋鼓舞的文章，或是让自己特别自信的物品，建立一个自己的“能量库”，当情绪不佳时，可以翻翻这些文章，看看这些物品，给自己打打气，补充能量，克服不良情绪的困扰。

②养成记录成功事件的习惯

每个人都可以有意识地记录自己的成功，写自己的成功日记。每当遇到挫折或心情沮丧时，翻翻日记，看到自己成功克服困难的每一件事，也会提高自己的信心。就会想，以前那么多困难我都过来了，这次也一样行。

③制作感激清单

把人生美好有趣的事记录成清单，放在一个触手可及的地方，比如我随身的小手册，里面会有：

做成了 ×× 事，得到了 ×× 的荣誉；

客户的夸奖、表扬；

同事的分享；

匿名粉丝送了礼物很贴心；

……

总之，在心情不好的时候，看到这些想起就会笑的事，心情会好很多。多想生活中的美好，会变得更积极，充满能量。

④每日精力管理清单

- 早上起床，适度活动，让身体充满活力；
- 规划新的一天，列好当日事项清单，并安排好优先级；
- 开始工作，集中精力关注这一天你想取得的成就、处理优先事项、启动工作模式；
- 将干扰控制到最小，合理管理精力，保持精力十足；
- 注意身体压力，补充水分和水果，久坐的工作至少每隔一小时起身适当走动；
- 午餐注意均衡营养摄入，午餐后适当休息；
- 工作中遇到挑战，调节情绪，盯紧目标，给自己打气；
- 工作结束时检查当日清单，将未尽的工作调整入下一步行动计划中；
- 下班后放松心情，投资个人成长和兴趣，有意识、有意义的休息；
- 每日回顾当日成就，感恩。

技能五：边界（职场并非事事宜分享）

有位HR朋友和我沟通，公司里有的员工经常会小题大做，对小事越传越离谱，经常东打听西打听，尤其是别人的薪水，让人很头疼。

记得我十多年前刚做猎头时，曾经有位候选人从民企进了500强外企，因为打听薪资违反了公司薪资保密原则在试用期内被辞退。当时他接到辞退通知时非常震惊，不相信这是真实的原因，让我一定去向公司HR做侧面打听。当时那个公司的HRD还是个新加坡人，对硬着头皮打听的我说，这种行为是非常不职业化的表现。如果不以为然，就会给企业文化带来伤害。

这件事给我上了一课。后来我遇到过多次类似的事情，一般来说，职业化要求越高，对边界要求越高。

很多公司都有管理规范，也对着装、言行有指导，但不是所有的职场规则都能明确在纸面上加以规定。很多时候需要有职业化的意识。

职场和生活中的交流有所不同，职业化本身还有一些明确规定之外的常识。

一、职场交流的层次和边界

很多人始终不明白自己不专业的形象是从哪些细小方面表现出来的。去年刚进职场的小朋友A写了封长信给我，说在职场中交流总觉得气氛怪怪的，不如以前学校里同学间坦诚，他经常不知道哪里就说错话了。他自己觉得自己很热情，沟通不错。但去年底HR特地找他谈，让他注意说话的分寸，提高情商，让A很苦恼。

沟通表达在职场必备技能中排前三，绝大部分工作想要有更好的前景就一定要提高沟通能力，偏偏我们从小到大学校里几乎没人教过我们如何交流、沟通。

职场的沟通交流分层次，切忌“交浅言深”，随意突破心理边界。

人和人沟通交流是有层次的，从浅到深，一般分为五层，如果在浅的层面受阻，就会停留在那一层，如果得到良好的反馈，就可能进入下一层。沟通高手要明确当前的沟通层次，根据情境才找到进入下一层的方法，这五个层次是打招呼、讲事实、讲观点、谈感受和有默契（敞开自我）。

这种沟通的层次和人的心理边界有关，越是浅的关系边界越强，沟通层次也浅。随着关系的深入，边界相连部分越大，交流越深入，在职场中，由于工作关系，工作上的交流有时候容易让人出现心理越位的现象。

1. 初次见面的破冰，打招呼

无论是初次见面，还是每天第一次见面，最好用敬语开始，遵守正规礼节为好。在传统单位叫职务或老师的多一些，如果是想建立平等感受的单位，很多用英文名（即便不是外企），不管如何称呼都一定要遵从企业文化。

2. 描述事实

表达友好后进入下一层面——讲事实。其实我们遇到陌生人最好的办法也是用天气、交通、吃饭等明显的事实问题开头，不会引起冲突又比较安全，在公司里也可用于日常寒暄。

即使是一些事实性的问题，也要分场合和层次，在职场上，如女人的年龄、体重、婚姻状况，男人的收入、职位……都要视场合和关系来定，不宜贸然讨论。总之，谈天气比交通饮食安全、谈宠物比谈儿女安全。

3. 表达观点

有些话题看上去是事实，但其实是观点。

职场上的交流必须要到这层，否则无法沟通工作。有观点就可能引发冲突，但是职场不能没有观点。有句话说：“你的观点代表了你的价值。”在职场上根据关系远近，将交流话题尽量限在职场上，不熟悉的人如客户之间交流更应该控制话题，不要轻易大谈自己对流行事件的看法，以免立场不同。

4. 谈感受

一般按深浅可以继续深入到感受，有观点就可能有不同的感受，感受到挑战、感受到不适、感受到委屈……这就要看在职场中我们要交流的对象了，不是任何同事都愿意听你的感受的，也不是你的感受任何人都能接受的。在这种情况下，交流不畅可能会退回到第二层讲事实上，对事不对人，弱化矛盾。

5. 敞开自我，交流精神

从互相无话不谈到有默契，精神物质都能分享的层次，自然也能分享隐私。这不是你刚到一个单位对别人毫无保留就能实现的。工作在一起很长时间，经历了很多事之后，互相很信任才能交流到这个层面。职场上大部分人不会到这个层面。

二、沟通分为层次，人际也分层次，切忌越界越位

越浅层次越安全，一般不太熟悉的关系尽量从浅层开始。

人有好奇之心，都希望了解更多的信息，即希望得到对方更深层次的分享。人际交往中没有界限感、场合感、隐私观常常是因为沟通没有层次。深层次关系谈浅层话题没关系，反之则不妥，我们常说的“交浅言深”也是这个道理，也是小 A 这种职场新人常犯的错误。

在职场上切忌越位沟通。无论是职务规定还是资历使然，职场自有一些层级规则。我们经常会说，不要越级汇报，只可越级上诉就是如此。在职场上如果对公司的制度或者分配的工作有想法，不应该不分职务随意倾诉，很多正规的大型跨国公司员工接受外界的采访、议论公司的敏感事项时都有制度规定。不越位、有职业操守是一个职场人规范的职业化要求。

现在有了微信等及时通信软件，在这些平台上聊天有时候并不会太严谨，但却很容易留下痕迹。我经常看到，有些人把其他人的微信记录截图后随意转发，有时甚至将私人聊天记录公开，这也是极不尊重他人隐私的行为。

三、避免"过度分享"，保护自我隐私

过度分享往往也是把职场沟通上升到深层次。职场不是家庭，个人的隐私是交流的深层次，如薪水、私人感情，对很多非自己相关工作伙伴的不同感受都要视沟通交流对象而进行对等沟通。

不仅是职场中，网络上更是有很多不实之言，很多事在盖棺定论之前常有多次反转。在职场上散布流言、相信流言的都往往是较低层级的员工。很多初级员工并没有意识到日常表现和职场表现之间的差异，职业期待也是模糊的。

职场中隐私暴露的风险除了来自办公环境外，也可能来自自身的"过度分享"。除了学会在公司的大环境里保护自己的隐私外，在与同事的相处中，也应划分合理界限，从自身出发做到"公私"分离，以免将生活隐私公之于众，影响自己的职业发展。

四、避免分享他人

职场是一个工作的场所，不管是做事还是与人相处，都需要围绕工作进行，这是专业态度和职业精神。虽然做"五不"员工不受欢迎，但不代表嘴上没有把门的，可以传播"流言"。喜欢八卦的人在单位里的形象是不会很好的。

通常的语境中，朋友两个字代表信任，但信任两个字不代表双方的沟通和相处没有技巧。

有时朋友愿意告诉你私事，可能你们的关系已经在较深层次，但不等于他愿意

把私事公之于众，让其他交情比较浅的人知道自己的私事。是否能公开取决于当事人，而不是旁人。

很多人误解了朋友相处之道，认为朋友之间就可以随便说话，互相都应该不计较对方的缺点，其实这是一个非常缺乏界限感的看法。

五、注意分享分寸

分寸是一种做人做事收放自如的力量，是一个人成熟的标志，在职场上很多关键的地方是看把事情做到何种程度，掌握、分享分寸也是一种尺度。

有些时候，分享沟通表达既要注意场合，也要注意分寸：口无遮拦必会遭人讨厌。总是有意无意地触及别人的禁区会令人厌烦；一个说话总是不恰当的人会给人能力不足的感觉。

在职场上，交流分寸和着装分寸信守一样的原则：越正式的场合越保守。

职场上沟通要学会逐层深入，不仅安全也更能达到效果。沟通层次与边界是应对所有人际关系最重要的方法。

边界内是可以共享的，边界外应掌握好分寸，每个成年人都有自己的边界，而这种边界在不同环境、不同的人是不一样的，应该结合交流的层次，提高自己的沟通和交流技巧，注重分享的边界。

技能六：思维（培养积极主动思维方能掌控人生）

我十三年前认识R时因为他找我想跳槽。据说R当年曾经是他们市的高考状元，在上海名牌大学读书时还被选为国际交换生，到德国学习了一年，毕业顺利进美资500强公司做核心研发工程师，曾经是风云人物。当时他的薪水在工程师级别上已经算最高了，很难找到更好的工作。我介绍了几个工作给他，他不满意，就不了了之了。后来我们一直保持着联系，这十多年来，他业余开发了一个网站，差点被微软收购，参加的一个项目差点得个什么奖，似乎很多时候，他都“差点”就一鸣惊人了。

这十多年间他把更新过的简历给我发过几次，我也帮他推荐过几次，但都有负所托，没能帮他找到新工作。他自己倒是跳槽几次，他自述和每任领导都闹得不愉快。

现在 R 已经年近 40，又跳回到最先工作的那家美资 500 强公司做研发主管，薪水近 70 万元，据他说三年前的一份工作薪水差不多就是这个数了，跳回来薪水还略降了点，这几年也一直没怎么涨。他很不满意，他告诉我：他曾经的同事已经是亚太区的管理层或行业专家了，薪水是他的几倍。

听得出，R 不屑又不甘，把原因归于自己脾气直，抱怨领导都不干活、不懂业务等。都是自己在撑着部门，又苦又累还没人说好，成绩都被领导拿走了，公司领导层都是喝茶看报。他越干越不起劲，总说德国多么重视工程师…….

这些话我听他说了十年，现在他说德国好，可是他在德企工作时也说不好，没有进取心，薪水还不高。公司总是乱的，管理层总是不干活的，像他这样正派、业务精通的人郁郁不得志是老天无眼。

我倒颇能理解 R，也没有半分否定他才华的意思。怀才不遇，越努力越证明自己不能成功，职场中这样有技术却不顺利的人不少，他们很容易形成否定思维。

一个人所持的观点、认知会对自己的生活方式产生深远影响，它可以决定你能否成为想成为的那个人，以及你能否做好最看重的事情 。

一．职场上需要积极思维

不同的认知决定了不同的言行，不同的言行决定了不同的发展。积极、正面地去思考职场上遇到的问题，才能扭转局面。

1. 积极思维的人大多是“给予者”

每个人都喜欢和乐于奉献、给予的人共事，但少数人愿意做这样的人。这种人是给予者，而大部分人是索取者。在团队里，看似索取者不多干活，藏着自己的一点点本事，实际格局和机会都越来越小。而给予者，虽然看似多干了一点，多付出了一点，但得到的帮助会更多，因为人人都喜欢这样的人。

成功者永远是给予者，在工作分工越来越细化的职场上，合作几乎是任何工作不可少的部分。确实会有重要性不同的角色分工，但很多看起来不重要的角色只要存在就有原因，很多人是把自己的角色做得重要起来。

我的一位候选人 W 也是我十多年的朋友，现在已经是一家互联网独角兽公司 CEO 了，近 50 多岁的人进这种共享经济高科技公司，可以说转型非常成功。我看着 W 这么多年，从一位不善言辞的研发主管逐步走到市场、HR、销售……到现在成为出席论坛发表高论的 CEO。他一直是从上级的角度看自己能贡献一些什么，再从用户角度看一个团队可以贡献什么。

W 这种为别人提供服务的心态，让他在任何环境里都如鱼得水。他服务过的几家公司虽然有两家大公司现在发展并不好，但他的口碑一直非常好，每次都是被猎头挖走。

W 这样的人从来不会困死在任何一个危机上。他都是为自己干的，即使不是领导，他也一直用领导的思维去考虑问题，顺便说下，他的前领导中有的已经创业失败，但他还活跃在职场。

用一句 W 以前常挂在嘴上的话说：“多干点活又不会死，闲着只会无聊，让我多做点，对别人越有用，我就越有用。”

W 和 R 的职业起点还差一点，但是一直能积极考虑，乐于做给予者，长跑下来发展却优于 R 很多。只有先做给予者，路才会越走越宽。

2. 积极思维的人也有成长性思维

每个人看问题的角度都有一定局限性，如果不用成长性思维考虑问题，是不会有进步的，因为你的思维是固定的。如果不能从更高一级的思维去考虑问题，你就会局限在你的层面上。

前面的案例中，R 一直希望成为管理者或大牛技术专家型的人，技术基础很不错，但考虑问题却始终从当前的资源出发，只看到解决眼前技术问题的重要，不能从更高层面去思考整体的流程改进、资源整合。他也不愿意为当下利益做出让步，他的很多次尝试，比如卖网站、卖软件等都是因为凭借个人力量做出的东西，总有很多欠缺，但他又不接受较低的收购价格，从而每次都错失良机；跳槽也一样，对自己的能力过于自负，总认为拿多少钱就应该做多少事。

3. 积极思维的人是主动型人

一个人功能越多、能力越强，可替代性就越小。但能力只能在不断探索、接受挑战中进步。如果不磨炼自己的能力，不愿意扩展自己的边界，能力很难得到锻炼，只是不断重复过去的技能。随着年龄的增长，能力不能同步增长，薪水配不上价值，可以从市场上找到替代品时，你就应该被替代掉了。

前一段时间我和小米的前 HR 沟通时，她对我说过一句话：雷军最大的本领是随时可以替代小米任何人做的任何工作。这句话我不止一次听到，其实不光是雷军，很多优秀的人都是会发挥自己长项，但不怕自己的弱项，因为真有需要，他们都是主动出击，敢于面对最恶劣状况的人。

不做重要的事往往代表你的位置不会很重要，而且越来越不重要。越主动的人越能掌控形势，越被动者越容易被环境掌控。

4. 积极思维的人是内控型人

一个人的境遇总是受外部和内部因素共同影响，外控型的人相信外部因素是主要约束因素，内控型的人相信自己是改变的主要因素。

任何人都无法脱离环境的影响，但任何人都不会毫无选择。即使是在最无能为力的情况下，我们起码能控制我们的态度。

相信自己对环境无能为力的人往往是外控型人，因为相信自己无法改变，所以行动上也趋于被动。被动型人又很容易更加为环境所控制，在外在环境的面前会变得越来越弱。

二、培养积极思维的四个视角

一个人在职场上想要有发展，有四种角度是不可少的。

1. 上级角度

不要想我能做什么、我要做什么，多想想领导希望我做什么、组织需要我做什么。想往上发展、往外发展、自我成就，就要像领导一样要求自己，像成功者那样思考，像旁观者一样挑剔。

2. CEO 视角

每个人都是自己人生的CEO（首席执行官）。要想清楚，人的一生是为自己过的，无论是父母、配偶、儿女都不应该为你负责，更别提领导了。他开办自己的公司是为了他的追求，为什么要为你的人生负责？你是他实现事业的手段，当然，他也是你实现事业的手段。

生活是自己的，职业生涯也是自己的，除了自己没有人可以定义，自己的人生如一家无限责任公司，经营不善，责怪任何人都毫无意义。

3. 第三方角度

想想如果领导、同事不是内部人，而是客户，你会怎么办？

有人理直气壮，觉得我付出劳动了，领导给我薪水是应该的，为什么要感谢？R 就经常对我这样讲。如果领导是你的客户，你为客户提供了服务，但如果客户不满意不给你钱，又该怎么办呢？

我们经常会说要让客户满意，因为我们的营收和客户紧密相关。但是，对提供了我们安身立命的单位却往往习以为常，甚至多有不满。

很多时候我们把领导、同事都视为内部人，客户是外部人。如果我们能把领导看成是客户，降低对职业以外的要求，就事论事，其实很多矛盾就能缓和。我们最重要的是组成一个团队，完成阶段性的共同目标。

4. 增量而非存量角度

迷恋存量的人很难有增量。尤其是 R 这样有一些过往成功经历的人，如果不能放下就会成为包袱。无论过去我们是成功还是失败，我们的每时每刻都是新的，复盘是为了不再重复过去的错误，而不是留恋于过去的成绩或纠结于过去的失误。

一个不断成长的人是要不断放弃存量的。我们的过去是我们学习的资料，但不是我们成长的枷锁。无论是经验还是教训，我们从过去中学到了就是得到了，得到更多的应该用于指导未来的自己。

几条职场建议：

年轻时，不要怕吃亏，人的一生付出和回报会成正比的。如果你在前期能力还不够强，还需要学习的时候就想着少付出，基本积累就会慢。很多人到了中年觉得自己能力有限、底子薄，就是这样造成的。

中年时，不要怕挑战，要相信过去的付出一定会以不同的方式回来。当然，过去的恣意挥霍也应该付出代价，但中年又不是末日，随着职场越来越多样化，任何时候重新开始都不能说已经无可挽回，毕竟，人生充满不确定，也有很多惊喜。

老年时，所有的收获都是自己播种的，不贪不怨不悔。

任何时候，多干一些，多想一些。既然活在这个世上，总要有些信仰，只有拥有积极思维才能掌握人生。

技能七：工具（让装备助你效率倍增）

前段时间有个小伙伴和我报怨，公司要求用思维导图的形式做行业地图（人才分布图，猎头公司必备），他做得非常吃力，很浪费时间，我建议他下载一个好用的软件在手机上，电脑手机同步，能轻松完成。他试了一下觉得手机容量太小、根本下载不了，感叹说手机太老了，连抢红包都抢不过别人。

我和一些资深职场人士聊天，经常发现大家都有这种感觉，很多业务技能一般、效率一般的人都不注重工具的使用，或者使用的工具非常老旧笨拙。而很多效率很高的职场人士却非常在意自己的工作工具，宁愿自费也要提升工具的性能。

工欲善其事，必先利其器。打游戏都知道想要升级打怪，装备必不可少，可在工作和生活中，我们却常忽略高效办公的工具。

一、工作是自己的责任，工具也是自己的责任

很多人在工作中总认为工具是单位配的，出了问题是单位的，觉得自己不必负责。员工的电脑崩溃了，找 IT 部门，然后一天什么也干不了，只能等 IT 同事帮助重装电脑。然后，电脑出了问题甚至文件丢失，还理直气壮：我的电脑重装了，文件全没有了。

其实工作永远是自己的责任，工具出了问题影响的是自己的时间和效率，要早

做预案，平时规范操作，学一些基本技能，尽量避免这种毁灭性事件的发生。

记得有位著名心理学者在机场丢了电脑，微博悬赏5万元，因为电脑中的文件都是心血。我自那时起就提醒自己做预案，有些事本来就很不愉快，不能再让自己处于更深的困境。

我以前也有过电脑崩溃、丢失文件的现象，曾经有一次我的手机、电脑一夜之间全部被盗，更倒霉的是买了新手机一周不到再次被盗……如果是以前，我起码两三天时间没法工作，文件更是最大的损失，财产安全也受威胁。但现在，我将大部分文件存在云端，有多重备份、多重加密，即使电脑、手机物理性全部消失，还是没有影响第二天的正常工作。

确实，要不断硬件升级，有些需要单位支持，有些需要自己支出，总是要用钱的。想要比别人强，就要付出代价，这种代价随着自己超车升级会很快收回。这是投资自己，用钱买时间、技能的一部分。

二、工作有自己的特点，工具使用也要配合工作特点

每个人工作中对工具的使用要求是不一样的，有不同的重点。

工作性质不同，有的对文字要求高，有的对表格要求高，有的对PPT要求高，有的对绘图软件要求高，有的对非电脑的其他工具要求高……

了解你的工作，起码要把最重要的基本工具升级到最适合你用的程度。比如我经常出差，文字处理工作较多，对电脑重量要求比较高，性能要求一般，就选择了微软Surface pro，它能满足我的要求。如果对性能要求高、电脑重量要求低的话有很多好选择，反正工具上要选自己称手的。

而且因为我用的是五笔录入为主，拼音为辅。打字一直比普通文字输入者快一些，重字率比较少，这无形中节约了我大量时间。另外，我对移动办公要求很高，

经常出差，所以随身携带手机和带支架的蓝牙键盘，在高铁上也照样码字，飞机上再戴个降噪耳机，整个世界都会安静下来，会极大提高自己的工作效率。

三、让工具成为职场快速进步的强大助力

1．熟练使用自己最常用的办公软硬件工具

经常听好多人对自己工作中的常用软件说不会，其实主要是意识不足。一定要把自己工作中需要用到的工具用得娴熟，即使不常用，和工作相关的软件也应该知道如何去学习了解，在需要用到时迅速上手。

现在的科技发展非常之快，技术升级几乎能带来一系列的生产效率提高，如果不及时升级工具，往往无法正常使用最新的效率软件。

2．让工具帮你聚焦于工作

每个人的日常要用电脑争取到能让自己最快调用的资源。可以将电脑浏览器选成广告少的，建议同时装个广告拦截软件。宁愿花钱，也要珍惜自己的注意力。

平时关注一些研究效率工具微信公众号，定期翻阅了解市场最先进的工具。知识信息管理笔记系统：印象笔记同步快，提醒功能强，我常用它做闹钟，做读书笔记；平时写文章、做笔记用 OneNote、讯飞语记。国产优秀软件也有不少云笔记服务，网易云笔记、为知笔记的原理差不多。

用得最多的邮箱直接和手机同步，随时可以查看联系人和日程，用好邮箱中的提醒功能，在手机上自动和日历同步。

3．用最新的软件工具提升效率

结合我们的使用频率和习惯，熟练掌握新的效率工具可以帮助我们大大提升工作效率。

学会一些软件使用的技巧，可以帮助我们减少重复性工作、提升效率。尽量用

“只处理一次”的方法处理邮件或信息，如果确实很重要、不能及时处理也要有时间节点。根据自己的习惯，设置一些模板和快捷方式，如邮箱常用的几种回复，做成一个模板，直接调用。

手机上设置一些快速短语，比如自己的公司名、地址、家庭地址、邮件之类常用短语，如果在手机的通用→键盘→文本替换中设置简写替换，会快捷省力，更重要的是不会出错。

四、工作技能迭代，也要迭代更新工具

1．不断优化、简化自己的工具

无论是女人包中的餐巾纸、遮阳伞，还是男人的钱包、钥匙，以及手机、耳机等，逐步换成自己喜欢、质量高级、使用方便、设计精良的，让自己被喜欢的东西所包围。

逐步换掉那些陈旧的电脑、过时的手机、不好用的钱包、粗劣的耳机、丑陋的钥匙扣、廉价的塑料杯、免费的购物袋……

少而精的工具可以让你感觉到生活的美好、工作的意义。

2．跟随时代，不断迭代升级工具

在现代社会，工具的更新速度极快，不断会有更好的硬件软件出现，不一定要跟风用最高级、最新的工具。但是一定要知道驾驭工具的重要性，争取不落伍。

要尽自己最大可能用最先进的工具。如果只是限于我们已经熟悉的，拒绝更新提升，其实已经输在了进化的路上。

考虑对工作的重要程度，要从效率而不是金钱出发升级工具。我自己觉得最多以四年为限，要刷一遍自己的“装备”。我自己每年必更新最新的手机、每两年换

电脑，这给我带来非常大的好处，不仅性能好，最新的软件使用更是省时省力。

前段时间参加一个管理论坛，大家交流时提到几款最新配置的笔记本电脑，几乎我认识的一半以上高级经理人都已经更换了，很多是自己自费更换的。很多人觉得理所应当，工具是别人的、时间是自己的。对于职场精英人士，用金钱省时间是最划算的转换了。

3．关注前沿科技

很多前沿的科技产品，往往代表了时代趋势。高科技在职场中使用速度会越来越快。哪怕不是高科技界人士，职场中人也应该适当了解最新的前沿产品、科技动态。作为非业内人士也应该适当关注新产品，软硬件新产品，尤其是手机上一些效率类 App。

《荀子·劝学》中曾说：君子性非异也，善假于物也。可见从古至今，一个人会不会借力，会不会使用工具都是有极大差异的。我们多了一个望远镜，观测精度就可能超越曾经最厉害的天文学家，而只有不断更新迭代自己的工具，才能让自己与时俱进。

新的工具，代表了一种思想、一种潮流、一种方向，定期学习迭代能帮助自己提升工作效率、业务技能。职场中人要学会用适当的工具武装自己。

第三章

职业困境如何解

困境一：为什么跳槽没能解决职业困境？

有位朋友A跳槽去了一家以零售为特征的公司做研发经理，去了发现新公司根本没有研发的基本条件，原先的承诺只是设想，根本没有老东家以产品研发为核心的文化，只去了新公司五天就回原公司了，虽然老东家还是接纳了他，他却非常担心会留下不好的印象。

另一位候选人B去年从500强外企跳槽去了一家新型创业公司，不到五个月，觉得压力太大熬得难受，半年都觉得太长了，又急着想跳槽到健全的公司。

读者C是相反，去年被猎头挖到去了一个新公司，6个月试用期内被辞退了，认为文化不合……C又加入了找工作的队伍。

在职场上，工作一段时间后，我们或多或少会遇到一些职业上的问题。在调整后得不到解决时，自然就会想到用跳槽来解决困境。但有些人连续跳槽仍然无法解决工作中遇到的问题，反而遇到了新的困境。

虽然人生没有白走的路，但他们都没有在跳槽中得到他们想要的，让跳槽成了职业中的“折返跑”，在人生的马拉松中浪费了时间和精力。无论跳槽还是不跳槽，都是让自己的职业更加符合人生规划，实现自己综合价值最大化。

想要实现自己综合职业发展需要实现价值的最大化，就要考虑收益性、成长性和风险性。毫无疑问，跳槽是对职业生涯的修正，正是因为这三方面要调整，才应该跳槽，所以跳槽要紧紧围绕这些方面进行综合考虑。

简单来看，工作可以提供：

薪资福利（钱）+ 未来发展（未来的钱）+ 人际交往（感情）

一个人想要跳槽，无非是因为现在的工作在这几方面出了问题，希望在新单位能解决现在的困境，但这些只是从自身的角度出发来考虑的问题。

对方单位为什么录用你？是因为对你有期望，企业希望人才可以提供：

工作能力（能否胜任）+未来规划发展（和企业发展相吻合）+价值观（融入团队）

双方起码在一定期限内匹配，才有合作的基础。很多人选择新的工作是基于新工作的薪水、职务、岗位描述，很少考虑其他重要的因素，如组织经营模式、晋升通道、管理风格、企业文化等。

一、个人要考虑企业提供的雇佣条件：

1．薪资福利——单位时间价值

个人在计算薪水时要计算单位薪资，即除了显性的月薪、年薪、社保之外，工作时长也要考虑，每个人都要以时薪计算自己的时间价值。有些公司虽然薪资较高，但工作时间极长，就要考虑自己能不能融入这种环境。还要考虑隐性因素，比如加班规定、年假、出差、企业年金。

2．未来发展——成长性

①能否让自己价值不断增值；

②和自己未来的目标相符或可以迂回达到自己未来的目标；

③和自己能力素质模型相符，能扬长避短；

④和行业大势相符，能顺势而为；

⑤跳槽有很多未知，但首要判断这是一个面向未来的机会还是只用自己原有经验的变现。

3．能实现自己更高层次的要求

有些工作虽然不是自己喜欢的，但可以提供自己需要的环境，比如可以提供很多时间用于自己真正的爱好上。比如科幻小说《三体》的作者刘慈欣，写了诸多优秀的科幻作品，但本职原是水电站的工程师，他的“本职”工作给他提供了很多创作的灵感和时间，能够让他在真正有兴趣有天赋的领域一展所长。

4．人际关系和价值观匹配

企业如果是矩阵型的结构更要注意汇报关系。远程汇报要考虑自身和领导的成熟度，双线汇报更要考虑业务复杂度。最忌别人跳槽你也跟着跳槽。很多公司，架构并不是很稳定，变化并不是坏事，自己的适应度和心理预期很重要。 如果是去初创公司，要以投资人的观点看领导和管理团队。

二、考虑自身能否胜任现企业的期望

1．工作能力（能否胜任）

一般成熟的职业人，要想清楚跳槽后的新单位可能并不愿意在自己身上再投资，让自己学习后才上岗，很可能一去就是要解决问题的。

2．未来规划发展（和企业发展相吻合）

每个人都有自己的规划，跳槽也是一个审视自己的未来发展规划是否和企业发展相配合的机会，很多人跳槽会关心自己能否得到成长，几年内希望做成什么样，企业是否能够提供这样的上升空间。但很少有人关心企业有什么样的人员规划，是否希望职员这样发展自己的职业路径。

了解了企业提供的职业路径，也要结合自己的发展，仔细考虑这是否是自己未来想要的。多了解企业的期待，才能明白匹配度有多高、合作会有多久。有些企业特别讨厌女性生育，如果确实有生育计划，不宜隐瞒，可以向对方了解清楚对生育前员工的期待，看看能不能达到这样的期待，否则就尽量避免去这样的企业。

3．价值观（融入团队）

企业有企业的文化，越是高层的人对企业文化的匹配要求越高。这种普遍存在价值观差异比较大的单位，比如外企和民企、大公司和初创公司、竞争企业和机关事业单位、新兴行业企业和传统行业企业。差异越大，要求适应力越强，要深刻了解自己内心深处的价值观。

成年人的价值观形成后是比较难做大改变的，一定要清楚哪些是改变不了的，如果和企业的文化相冲突，一定要有预案。

三、新工作机会面前要避免的事项

1．重复性跳槽

跳槽并不能解决以前遇到的所有问题。如果因为同样的原因，比如和领导关系不好，一次还行，两次三次都搞不好的话就要细究自身的问题，因为同样的原因而跳槽就要自身改变才能解决问题。不能寄希望于环境的改变，这是逃避自身的缺陷。

2．只看单一维度的跳槽

跳槽涉及生活和工作很多方面的改变，要综合考虑。但很多人跳槽时容易只被一个当时最重视的方面所吸引。

有人认为只要看重发展，就一定是对的，但我们看过太多在很有发展的平台上不适应的跳槽，一定要多维度考虑问题。

谁也无法百分百确定什么样的平台一定有发展，企业文化是否适应、初创平台能否保证生活，这些都是要考虑的。只有兼顾收益性、发展性、风险性才是综合的考量。

3．只考虑对方能提供的待遇，不考虑自己能产生的价值

企业提供的工作条件，其实都隐含在你能提供给企业价值的基础上。

四、怎样跳槽才能成功

我的候选人D的职业规划很成功，年纪轻轻就成为500强公司中国区主要负

责人，又在适当时机华丽转身民企最高层，最近我们的客户点名要他领军一家独角兽公司。

D的几次跳槽均是越跳职位越高，均有一条清晰的路径，每次跳槽都是企业慕名来找，是猎头找高管公认的抢手人才之一。

1．跳槽前，厘清自己跳槽的理由

①想从工作中得到什么

每个人的工作目的是不一样的，不同阶段也是不一样的，要清楚自己最想要的是什么。目前最看中的东西是不是未来最看重的。

②想从跳槽中得到什么，跳槽会失去什么

通过跳槽能获得哪些东西，是现阶段没有的。失去的和可能失去的东西是自己可以接受的吗？

③是不是只有跳槽这条路

目前的问题通过跳槽解决是不是最优方案。

④任何事都是有利有弊

在跳槽前认真比较现在工作和未来工作的利弊，一一打分。

⑤设立退出条件

先假定自己这段工作起码会干N年，在这N年里，要得到哪些收获，再考虑下一步退出。

主动提前退出的情况只能有几条：

比如，D是非常看重家庭的人，在他的退出条件中就设了一条：家人重病或身体出现重大问题就会退出，另外他考虑到不被成功迷惑，在退出条件中设定：做到中国区战略性重要职位后三年内没有晋升（没有做到总负责人的可能）。

不会退出的情况包括：领导同事不友好、工作太困难、其他单位的条件丰厚。

做好预案，不轻易放弃。在工作期间遇到困难时，要多问自己几次做这份工作的初心，不到当时退出的情况，就决不主动放弃。

2．从对自己的要求来看

① 3 ～ 6 个月内尽快出业绩

解决问题的能力是职场人生存发展的最基本能力。开始新工作时，先要集中力量把最大的问题解决了，不能抓次要问题。

②以领导要求的结果为导向

很多人以为的结果是自认为的结果，其实对领导并没有多大益处。不妨多想想，有多少工作自己觉得做得不错，领导都只说了一句“辛苦”。不妨多想想还有什么能力可以让领导对你更加认可。

③没有偏见，不挑缺点，先看特点

D 每到一个新团队都能迅速融入团队，重要的一点是适应能力很强。二十多年职业生涯，每一段都很成功是极不容易的。他的方法就是每到一个新的团队，把不适应的地方看成是团队的特点，而不是将其看成团队的缺点。

在一个新的团队里，一定会有不一样的人、不一样的政策。不要先批评，而要先接受。用“特点”去考虑新团队，不要掺杂任何情绪在里面。

如果没有清晰的方向就选择跳槽，是不能解决职业困境的，任何一份工作都是“用你有的，换取你想要的”。你的困境无非是你想要的和你能给的之间存在无法对等交换的问题。如果没有想清楚，而是直接从一个困境跳到另一个困境，很容易成为连续跳槽者。随着年龄的增长，可选择的机会越来越少时，路反而可能越走越窄。所以，决定是否跳槽前，应该先想一想你想通过跳槽解决什么样的职业困境。

困境二：避开求职雷区，赢得心仪 Offer

我的校友 K 在一家财富 500 强公司工作了 15 年，升职到市场总监。2017 年公司全球裁员，K 又开始找工作。

经过网络招聘、猎头推荐、朋友内推等多种渠道，K 有了好几次面试机会，都非常不理想，因为急着工作，只能自己将职位要求降到市场部经理，最后拿到了两个他不太满意的 Offer，从中选了家薪水开得高些的公司。谁知进去才发现，这家公司的管理非常混乱，人员很不稳定，劳资纠纷很多，市场预算几乎没有，今年又把他的这个部门纳入销售部门，他这个市场部经理只能是“名片经理”了。

我的读者小 E 在一家外资公司做研发，因为觉得薪水不高，升职也慢，所以一直想看新的工作机会，网络上看到招差不多的职位就投简历，后来进了一家杭州的民营企业，对方许诺升职加薪，他很高兴就接受了。入职不到一个星期就发现，这家企业还在初创阶段，网上的招聘信息有很多含糊的地方。而他因为一直在外企工作，考虑也不够周全，而且工作内容和自己的经验相差太远，坚持了一个月就离职了，重新加入找工作的行列。

这里，我建议想要换工作的朋友，在找工作阶段要认真做准备，将求职过程看成自己职业管理的一部分，才能真正避开求职雷区，赢得心仪的 Offer，为以后更顺利的职业发展做好铺垫。

一、求职没有重点

很多人急于求职，往往用一份简历广撒网，没有重点。看似在网上发邮件似乎没有成本，但如果一直撒网、没有总结，很难达到目的。K 就是用同一份简历申请了很多家自己并不熟悉的企业，反而对自己特别心仪的公司没有做特别的准备，他觉得这个公司很熟悉，只要去面试了肯定没问题，但发现根本得不到面试机会。

二、简历不能体现真正的能力

很多人将一份网络生成的简历四处乱投，这种情况下得到的工作机会相对也不会太多。试想一下，很多为大型优质公司筛选简历的 HR 时间成本不会太多，如果简历做得没有特色，很难一眼看出你就是最适合他们的人。

所以，在找工作时，即使无法做到每个应聘职位都重新做一份简历，也应该对心仪的职位做些能力要求的分析，将自己的匹配度展示出来。

三、只看表面薪水，不看发展

薪水是最显性的标志，但往往不是一份工作最重要的因素。很多人只关心薪水，其实在一个正常的单位，职级远重要于薪水，如果有选择，一定要看这个职位的中长期发展，发展包括：

- 这个职位中自己能力的发展；
- 这个职位在本单位中是否为核心部门；
- 这个职位的职级如何，晋升渠道、时间、条件。

四、Offer 不经细察

很多人接到 Offer ，往往很少细看。和任何格式合同一样，我们从 Offer 中可以得到很多信息，Offer 也代表了这个单位的专业化程度。

除了正常的格式，我们还要关心：

上下级、年假制度、薪水构成、补贴津贴、福利社保、工作时间是否正常、报到的时间和要求。如果 Offer 格式极为简单，就要再找一些资料了解一下这个单位的专业情况。

五、对工作及目标单位不做准备

曾经有大学生找工作找到传销窝点去，最后遭到不幸。这种事在职场新人中并不鲜见；即使已经是职场中的老司机，也不能保证不会遇上问题企业，建议一定要从公开渠道收集一些重要的信息进行基本评估。

如果对中小型企业不了解，可以用启信宝、名片王等工具进行公开信息查询注册和征信情况，看看有没有经济和人事纠纷，具体是些什么类型的。还可以去公司官网上看看网站的维护情况以及团队建设的新闻，这是必须的功课。

了解公司员工整体情况的方法可以通过 Linkedin 等职场社交网站，可以看到员工的背景，如果是心仪的部门，可以加好友，有些人是很愿意分享这些信息的。

六、对网络评论不加以判断

现在网络发达，一方面给我们带来很大的便利，另一方面也造成信息过载。很多大公司离职员工多，不一定全是正面评价。在很多招聘网站上都有职位和公司评价，这些可以参考但要有自己的判断。有些人一看公司有过打官司的记录就觉得公司不靠谱，实际上，运用司法手段并不见得就是违法的一方。

网络评价本来是很好的监督工具，现在网络传播很方便，大公司人员众多、业务庞大，舆论参差不齐也很正常，经常越是不如意的基层员工越会说公司的不好。有些评价是情绪发泄，有失公允，要具体评估评论内容。每个人的重点不同，有些看重企业文化，有些看重领导品质，有些看重培训发展，不必草木皆兵。

要有自己的判断，不要只相信少量的或者短期内对组织的评价，尤其是花边新闻、小道消息。网络语言中最大的特点是比较鲜明，很容易形成一定舆论优势，作为现代职场人，一要要看评价的平台是否专业权威，二要看评价是否有审核，三要看评价是否有具体说明。

最好的办法是从 Linkedin 之类的职场社交平台，查一下这个公司的员工大体是什么背景出身、在公司的平均时间、离职后去了哪里等。如果员工背景很好，往往公司人员素质高；在公司的时间如果比较长，说明公司还是能留得住一些人的，文化有可取之处；员工离职后去的地方更好了，说明这个公司能让人增值，值得去。

七、面试表现失常

1．形象与要求不符合

我们的猎头顾问曾经推荐过一位著名快销公司的候选人到一家时尚奢侈品集团担任品牌经理，过五关斩六将，能力完全没问题，最后见到 CEO 时，因为本命年穿着一双红色的袜子，被认为严重没有时尚感，不符合职位要求，失去了一个非常好的机会。

每个岗位都有自己的专业形象要求，在简历阶段更多考察的是经历、学历是否相符，预估能力是不是匹配，但面试时往往要衡量一个人的精神面貌、价值观是不是能融入企业文化。所以一定要和组织要求的岗位形象相符。

2．面试过于紧张或过于自负

面试时要把对方看成你以后的同事。当作平时的工作交流，充分展示自己的能力，给未来的同事留下好印象。

3．面试是双向选择的过程

面试时要注意观察面试官是否专业、流程是否严谨，如果是直线领导，也要准备几个高质量的问题和对方交流。

只有我们避开了求职雷区，真正认真选择了，在选择之后就更容易坚持，这也是对自己职涯负责的表现。

困境三：入职新公司，建立全新开始（怎么成为不一样的自己）

V是一家高科技公司的HR，他们公司和我们长期合作。V告诉我，他们公司因为业务很好大量缺人，人事部门和业务部门都有招聘压力。自己招了很多人，公司也想了很多方法，但去年人才流失率达到60%以上，很多是试用期不过就被淘汰了，但我们猎头推荐的人相对留存高，于是请我去介绍经验。猎头推荐的人才上班前，我们都会做入职辅导，因为即使是高级经理人，入职一家新公司前六个月都是成败的关键，常规的六个月入职失败的大约占22%，经过入职跟踪和辅助，这个比例会降到7%。

无论是刚工作的新人，还是跳槽到新公司重新成为新人，在两个月内表现出色基本就奠定了以后的基础，而如果6个月还是默默无闻，甚至没有存在感，一般也很难期待今后职场上会有亮眼的表现，所以自己要学会给自己做入职辅导。

每个职场人在进入新公司前，对自己的优劣势都应该做一个盘点，无论是过去的好还是不好，都应该做一个总结，列出自己最想成为的样子，然后再以清零心态进入新公司，成为你想成为的人。

休整过后，当你到一群新的人面前，是最好的建立自己新形象的时机。到新环境中，你除了要展示专业能力，也要重新进行有意识的人际管理和形象经营。

一、形象经营

每个职业都有与职业相符的形象，每个组织的企业形象和企业文化也会在员工的形象上体现出来，我们经常会根据一个人的形象对他的职业或环境有个判断。

1．衣着

大多人的行动往往是公司的基本标准。尽量观察单位里最优秀的人，以比较高的标准要求自己。做任何工作，表现出职业化都是先要让别人相信你就是这个专业的人。所以在新单位里，一开始就要穿得符合这个单位要求的职业化高标准，由外而内要求自己、展示自己。

2．言谈举止和精神面貌

进入新单位时很容易发现一些不适应的现象，有时忍不住会与前单位相比，在小圈子里批评，甚至习惯性地说“我们以前怎样，你们怎样”，这种把自己和现在的团队分开的说法、做法是一种负面表达，一定要将自己看成是新团队的一员。

从着装到谈吐到精神面貌都可以观察优秀的老员工，尤其是你领导或者略高级别的员工。以此为对标，在本层级中做到最高或较高水准。

多传播正能量，少抱怨、不指责，在不了解全貌之前先做团队跟随者，存在即合理，看到自认为不合理的事，不要先批评，而要全面了解后再做评价。尽量不要一开始就做异类，我们不必做唯唯诺诺的人，但要在能力得到认可、不低于平均水平时再改变环境。

不要过早站队小圈子，请客时不要以新人自居，总让别人照顾。放低姿态，友谊不可能短时间就建立得非常深厚，切忌交浅言深，在职场上更多的是找同盟而不是朋友。

3．主动沟通，积极参与

新人指南都是指导多做少说，但现在这个时代做得好不如做得对。

主动沟通，无论是在培训、开会或领导交代任务时，新人可以做一些准备，主动将问题厘清，避免因为风格差异理解得有误差。如果领导比较忙，要主动约时间，最好能定期、定时沟通，让领导知道你的进展。

新人应该现出融入团队的意愿，如果一直远距离观望，也容易被认为是团队的异类。

积极参与公司话题的讨论，不做一个旁观者。在公开会议培训里表现出参与感，勇于发表自己的观点，也可以做个总结者，显示出自己是这个团队的一分子。

4．用专业技能打开局面

每个人都有擅长的地方，有时候在人群中脱颖而出的不是你平时的表现，而是你的亮点。最好有一项让别人无法忽视的硬技能。

有条理、能说会做的人总是容易打开局面的。比如，有位候选人有做思维导图的本领，每次开会或培训，他总是很快用思维导图画出重点，让人印象极为深刻。他到新单位时，在数十个新人中迅速脱颖而出。

单位从外部招聘，必然希望带来一些新的更好的能量，尤其是社会招聘，不是招人来培养的，而是要能干活的，所以一来就要带来一些不一样的本领，会让人刮目相看。

形象经营的核心是经营自己的专业态度和职业精神。

有专业态度和职业精神在职场里无论从事什么工作都值得推崇，即使你现在所在的单位未必是什么名企，如果想有进一步发展，以你能想到的最高职业标准要求自己，会让自己越来越高。

二、人际管理

如果想在职场中走得更顺利、更稳健，就一定需要团队的支持。单位的作用就是把一群人聚合在一起，完成一些个人无法完成的工作。人际处理得好的人能带领团队完成更大的目标，自然就能得到更多的机会。

1．设立边界

刚到新职场，不过多干涉他人工作，更不妄图指导，将自己工作做好的基础上，力所能及地给予支持，但不做滥好人，要让他人了解自己的边界。

2．上级管理

成为领导的协助者，多沟通，从观察和模仿开始和领导合作。你必须先成为一名优秀的执行者，要证明自己的存在对他的职业发展有利，然后才能推动更深的合作模式。

充分了解领导对自己的期望，对领导的隐私不看、不知、不问，公事保持绝对支持，私事不参与。通过解决一个又一个的问题，展示你优秀的一面，让领导感觉你是合格的执行者。 在业务上我们要做虚心的学习者、忠诚的协助者。

如果确实遇到了人品不端的领导，也应该走正常的申诉渠道，现在的职场越来越市场化，很少有人品不端的人能长期居于高位，即使是国企、事业单位，也有正常的监查部门，更何况企业都有新媒体监督。

3．下级管理

多数领导都会定期生出“没有一名下属又能干又值得信任”的感慨，其实“千里马常有，伯乐不常有”，我们做猎头常会发现，会管理的领导会将一个由普通人组成的团队变得战斗力猛增。

如果是空降兵，更要注意下属的管理。很多优秀的人才到哪里都必须自建团队，这就意味着到新单位，原来的团队一定有大量流动，这是很多看重文化传承的公司很顾忌的。

但即使是再大的行业变迁，也有不变的东西，成功的管理者始终在人性上下功夫。先观察，和每位下属沟通、了解他们的需求，提供支持、资源，不要希望一开始就能用感情共同体去说服团队，要先建立利益共同体。

被人信任是一种稀有的能力，一个被许多人信任的人会天然具有某种号召力。

4．同事管理

尽快融入团队，对团队伙伴多给予、少要求，适当求助。

5．外部管理

任何一个单位会有这样那样的不足，有些人认为只有大领导需要维护组织形象，小职员干得不开心就频繁换工作，甚至对外公开抱怨自己公司的不足和问题。这是非常不职业化的表现，对自己未来的发展也不利。

三、符合组织的期望

尽快出成绩是新人立足的最佳法宝。单位招聘你进来，肯定是有所要求、有所期望的，新入职就要了解公司对新人最基本的业务要求。比如KPI、OKR等绩效指标。如果没有具体业绩指标，也有基本职责要求，一定要达到这样的期待。

此外，大家对新人往往抱有能带来新资源、新信息、新能量的期望，不妨多做些主动分享，比如可以分享过去公司做得好的地方，分享新的工作思路等。

新人还可以通过承担一些额外的工作更全面地学习了解工作，但拿不定主意时要多问领导、多观察优秀老员工，不要好心做坏事。

多做奉献者，多分享自己的经验和资源。

进入一个新单位，谈到以前公司也不可过多负面评价，如果提及，尽量客观，少带强烈的感情色彩。不要过多说自己的委屈，而要表达当时自己的成绩。

成熟的职场人要把“不同”看成各单位的特点而非缺点。如果以融入、开放、包容的心态进入新单位，以自己的能力打开新局面，以职业化树立新形象、书写职业生涯新篇章，就能有个好的开始。

困境四：行业不景气了，我如何转行？

有位朋友问我，自己所在的海运行业这几年不太景气，自己所在的企业是这一行的龙头外企，但是这几年业绩都很差。虽然自己已经不再看好，但已经做了好几年，而且这个行业一时半会儿也不会倒，而且他的工作是偏技术，换行业基本要重新开始，全丢掉又觉得可惜。

是不是要换个行业，什么时候换、怎么换、换不好怎么办？也是很多人会常有的困扰的。

一、工作的核心要素和重要因素

在选择工作时，行业、职能、组织是核心要素，城市和朋友圈是重要因素，综合决定了收益和发展，直接影响了工作满意度。这些要素形成工作的结构体系紧密关联，只要有一个变动其他就会不同程度地发生一些变化。所有的变化都会带来风险的变化。

行业决定了工作内容，工作方式、工作环境的选择，行业是核心要素之一。我们的工作要顺势而为，其实工作中最重要的“势”即行业。

二、怎么样的跳槽频率最合适

现在，跳槽已经算是工作中经常遇到的事了。一般在猎头公司的传统观点看来，一份工作没有四年（以大学本科学制为基准）的经验会被认为积累不足，八年以上如果既没有职能变化，也没有职级变化则会被认为能力不足。

一般而论，职场人在工作中每一到两年在内部就可以得到转岗机会，在很多职能上都得到晋升。熟悉多方面的工作，容易得到猎头青睐。如果在行业内知名大公司，毕业于知名院校就更是加分项了。

但职场总不能完全标准化，大部分人都不会有最完美的简历。

从我们猎头公司的数据看到，现在的跳槽频率越来越高，行业变化、企业变化有时候都无法由个人完全控制。换工作单位被视为跳槽的传统评估方式也在改变。

有些行业已经不排斥两三年内换工作单位的求职者。

比如IT业的某些职位，以项目为工作周期，3～6个月出现跳槽行为都不是罕见的事。但即使跳槽这么频繁却也能被接受，主要因为职能是不变的，IT行业虽然有些换公司频繁的人，只不过是因为项目的问题，而自己的所有技能都能有延续，经验也能有积累，只要顺利完成一个项目得到好评，经验就能够叠加。

如果想要有职业上的发展，一项工作综合的能力一定是需要时间积累的。

三、跳槽时可以以一个核心为支点

职业生涯几十年，很少有人能始终不换工作内容、职责。我们所谈的跳槽往往专指以换工作单位为特征。

跳槽一定要兼顾职业发展，如果跳槽的轨迹清晰，不仅工作技能容易积累，相关经验也容易被认可。

- 如果需要换行业，可以先换工作；
- 如果要换工作，先内部转岗，工种职能不换公司平台；
- 如果职能能延续，跳槽时换组织（公司）反而是最容易的事。但换行业考虑的东西就会更多些，很多人换行业之所以为难，往往是行业和职能捆绑，换行业的话职能也要换。比如有些行业除了通用职能和前端的销售人才外，专业职能比较窄、通用性差，尤其是研发、生产，越是后端的技术对人才要求越高，通用性越差。

如果换城市，不同城市间分公司转换是影响越小的。如果需要离开原公司，在跳槽过程中，尽量考虑保留行业经验、岗位经验或职能经验的工作。

人都喜欢在有些熟悉的东西不变的基础上进行变化，换的程度越高、越激烈，就越不适。换行业和换城市都是不适感强度较高的。

每个人承受力不一样。虽说现在信息交流方便了很多，在职场打工的人，大部分都是不具备很大冒险精神的。

有一定追求的人，主观上都有进步的愿望和变动的想法，但在行动上，有对未知世界的恐惧和对将来的不自信，有丢弃过去积累的可惜，也有着现实的约束。往往最后能实现的很少。

四、好的跳槽应该顺“势”而为

大势不好时，个人的力量是如此的小。

行业变化有时候出于突然，例如在2020年影视、餐饮、旅游行业大多受到打击，不会因为个人的勤劳努力就能保住饭碗。这种时刻，个人的财务积累就很重要。

但绝大多数行业的变化是渐变的，比如邮购、电视购物行业曾经被有些从业者看成是永远红火的行业，这些行业的变化随着互联网的不断渗透而渐渐退出。

当一个行业好的时候，会让很多人有错觉，会让人一直找到成功或永远成功的理由。而一个行业不好的时候，大家又存有侥幸，总会觉得一切都会好起来。实际上，大势已去时，要么引入新技术行业进行改造，要么会逐渐被其他行业取代。

一个人工作时间久了，容易视野窄化，越来越对自己的工作留恋，对外界的变化变得越迟钝。

如果行业大势不好，比如出现下列情况，建议尽早应对。

- 龙头企业变少；
- 有实力的企业撤出；

- 行业巨头盈利状况较差甚至亏损；
- 穿透性的技术创造出新的方式能提供自己所在行业服务；

电力、网络、AI 之类都是穿透型技术，即每一行都会用到的基本技术。这些都释放出明确的信号——行业在发生巨变。几乎没人能完全准确地预测趋势，我们普通人无法判断，更不能扭转，但我们能做的是不断做好准备，准备好应对之策。

如果关心一下职场成功人士的职业轨道，就会发现换行是很常见的事，我所看到的绝大多数高层都不同程度换过行。行业在风口上时，普遍薪水、发展前景会好。在互联网、金融行业，年薪十万加以上的人不少，年薪百万的比率远高于其他行业，我们为这些行业招的人才可能工作一年的收入就超过别人。

当然，追热点自然不是最佳选择，因为这些热点未必是你喜欢又擅长的，但这些往往是高于市场价值的，而高市场价值的行业资源必然聚集而丰富。行业不景气，也会影响整体薪资水平。最要命的，同样起点的同学，十年后有可能在别的行业年薪过百万。以前是男怕入错行，现在是所有人都怕入错行。

1. 职业起步阶段：工作五年之内

应该尽早确定自己的职能，搞清楚自己适合并喜欢做哪一类的工作，越早确定越好，这个时期最怕有些自己喜欢的工作，市场价值不一定很高。比如，很多人喜欢而且认为自己适合做艺术类的工作，但初级的搞艺术的人才市场价值不一定高，很多人只能先找市场价值高的职业，把真正有天赋且自己热爱的当作第二职业。

如果这样，最好的方式就是把喜欢的职能和新兴行业相结合。如果行业或职能间只能二者取其一的话就取职能，为下一步转行或转业做准备。这阶段转行或转业负担都不重，要有勇气，别把这一点点“存量”看得太重。

工作五年之内应该多想想从现在起五年之后的生活，自己愿意怎么过，从事什么样的工作？

2. 职业发展阶段：工作 5 ~ 15 年

中初级人才如果遇到行业性问题，这部分人是最纠结于转行的，有人会醒悟过来反思自己的职业。一方面，工作有了一些积累；另一方面，职业生涯还很长，有时候在犹豫间就拖了下来。

这时候最要学习的是去掉其他因素。比如现在的公司、薪水这些影响工作的要素，只看行业和职位。

①风险厌恶者可以发展第二职业

任何工作只有付出相当的精力和时间才有成绩。发展得好的话，可以将第二职业变为第一职业。

②可以读书给自己缓冲一下

通过自己喜欢又向往行业的专业再教育是非常好的选择。

③比较换行业后的最坏局面和不换的最坏局面。

想想自己最不能接受的结果是什么，哪一行的最坏局面是可以接受的。

④实行两级跳

如原先的研发转到另一个行业做市场或销售，这种转职能最好在本组织 / 公司内实现后再转行业，实现两级跳，有不少成功的案例。

这个阶段换行业、换职能也不算晚，如果能与原先的工作相关更好，如果不相关，可迁移能力如何就会直接决定赶超自己落下的时间。如前文所说的，原先研发转到做市场或销售，这种转职能最好在本行业内、本单位内实现更佳。但如果已经业余下了很多功夫，比如写了很多其他目标行业的文章，表现了在其他行业的市场或销售的特长，就能打破一般的规律。

3. 职业成熟阶段：工作 15 年 ~ 25 年

这时候完全放弃成本较高，到一个全新的行业需要把自己原先的经验用到新的工作上去。完全脱离本行业、本专业的转行会比较少。

如果很喜欢自己的专业且投入非常多，技能迁移会很难。如果在本单位看到本行业已经不具备发展的空间，要研究一下同行业有没有利用新技术改造后发展快的空间，有没有可能通过换单位把现有的技术再次应用。任何行业做得专、精都会被珍惜，物以稀为贵，现在很多原本不被看好的传统行业都有新的变化，对中高级阶段、转行不易的人才来说，如果技术已经非常深入，做事极靠谱，相近行业也可以找到新机会。

4. 职业退出阶段：工作 25 年以上

这时候基本不存在完全的转行了，一般第一职业上已经有一定基础，转行是在此基础上的跨界。

这时候不景气的行业后端工种会更困难些。比较成功的多是利用自己专业特长输出、培训或咨询，如果已经有相当的积累或行业口碑，转去做投资也不失为一个选择。

这阶段考验的不再是专业知识，而是其他的能力，如人际关系积累、眼光视野，跨界是否成功往往要取决于专业领域外的输出能力。

如果除了专业技能外没什么其他技能，尤其是输出能力差，就比较麻烦。很多时候“中年危机”并不在于年龄，而在于年龄该到的职业“进度条”没达到。这时候没有太多可迁移能力的改行就要做好下降比较厉害的准备。这是很多人宁愿选择退休或将就也不再转行的原因。

人生的每个阶段不一样，如果遇到行业发展的大趋势，个人的力量只能顺势而为。年轻时要多注重自己多方面能力的培养，一专多能，争取机会多尝试，利用业余时间多学习，遇到一个问题，试着快速建立自己的学习体系，和自己原有的知识建立联系，思考对自己行业的影响。

其实任何行业都应该有前端市场思维，从广义上来说，我们都是自己的销售，如果自己的技能和知识无人愿意购买其实就是市场不认可，要极力避免出现这种情况。要让自己在市场上有价值，就要关注市场的需求。每一行都有令人尊敬的人才，但人才不是被动的自我闭循环就能体现价值的。要让自己的才能在同类人中难以被替代或超越，即真正有一技之长，又要把让一技之长放到尽可能有市场价值的地方去实现。

困境五：异地工作的机会来了怎么选择？

有读者问我，他在长三角一个省会城市生活，有两个学龄前的孩子和父母需要照顾，现在有一个上海的工作机会，发展前景很好，不知道应不应该去。去与不去都有好处：去是A选择，上海的这个机会很难得，目前的行业也不算特别好，在现在的城市发展一般。不去是B选择：两个孩子小，家人比较保守，希望他能留在家乡工作。A选择对事业上好，B选择对家庭好。

正好我想起同事谈到做的一个猎头案子，一位异地候选人在我们的帮助下拿到北京的一家房地产公司Offer了，薪水职位都满意，已经答应了入职时间，但太太坚决不同意，最后只能作罢。按我们公司规定，对这种情况要求再三确认候选人的意向，意向有问题的一定不会推给客户，而这个候选人之前再三保证，他从别的城市到首都来是他自己向往的，肯定没问题。最后却顶不住压力食言，我这位同事白忙一场，向客户也不好交代，自然无奈不解。

其实这种事，在异地安置的案例中，尤其是已婚已育的人才中，是很常见的现象。

我一直强调个人的职业选择要兼顾收益性、成长性、风险性，但是这只是个人的职业选择函数，考虑到家庭就复杂很多。

一份工作是不是能做得好主要看意愿、能力和企业文化的匹配度。对于技术和经验匹配的候选人，最重要的是看人的意愿或是动机， 意愿分为主观动机和客观动机。一般情况下，异地安置最大的问题就是客观动机不可控，主观动机不够强。即使勉强入职，价值观和企业文化的协调上以后也会出现问题，没有强烈的参与感，遇到困难就容易后悔和退缩。

一般来讲，很多中级人才已经在他所在的城市有一定的基础了。

这时跳槽没那么容易，有了家庭、孩子、不动产、社交网络，拥有的东西越来越多时，放弃的成本就越来越高，转换的难度也越来越大。

尤其是家人，家人更看重生活、害怕失去，害怕变动是人的本能。一、二线城市并不是所有人的选择，随着国家建设的发展，二、三线甚至更小的县城建设也越来越好，在对于在当地生活的老人，看到生活发生了翻天的变化，会非常珍惜，不愿意再去折腾。家人这时候就可能从我们事业最大的助力变成最大的阻力。

在这种情况下，就是家庭和事业的选择，如果这样，就变得极为艰难。作为有责任的成年人，只有将事业和家庭兼顾，才是可行的方案。

一、以终为始做选择，制订家庭计划表

这种职业上的问题，最常见的就是每个选择都会有利弊。因为不是在一个维度上的因素，每个都有意义，取舍很难。 城市的选择对于家庭来说其实就是生活方式的选择。

如果家庭都迁移，就意味着在新的城市的生活，不光是自己的工作变动，还涉及孩子的教育、老人养老、配偶工作、买房、择校等问题。

如果家庭不迁移，就意味着一个人两头跑，需要忍受分离之苦、看不到孩子每天成长、不能及时解决家庭里细碎的小问题，随着距离的拉大，对家庭的贡献会减

小。也许收入会增加，但开销也在增加，精力分散、孤独、异地感情交流也有诸多不便……

如果不走，就是牺牲事业的发展，但谁都知道机会不是每次都有。

这时，可以给家里每个人做一个未来的计划表。用一个书面表格可视化全家所有人的状况，可以对每个人加以评估。

以理想中的未来生活看现在的选择，以家庭为整体考虑，来看看现在可以为将来做什么样的准备。不能静止地只用当前的现状看未来。

家庭未来计划表（例）

本人	终极目标	目前	将来	差距	30 岁	31 岁	…岁
家人环境		配偶 25 岁 父 58 岁 母 55 岁 其他重要家人 / 计划			配偶 29 岁 孩子 3 岁 父 60 岁 母 57 岁 计划二宝	配偶 30 岁 孩子 4 岁 父 61 岁 母 58 岁 二宝	配偶 × 岁 孩子 × 岁 父 × 岁 母 × 岁 二宝 × 岁
健康	除体检外不去医院 比同龄人年轻	配偶、孩子健康、老人有慢性病	老人健康问题加重	需要更好医疗			
修养知识	知性有修养，受人尊重，威信高	个人影响力 ××	新城市圈子 ×××				
心灵精神	幸福安宁	×××	×××				
社会工作	有自己的事业	工作满意度一般	工作稳定				
个人家庭	家庭幸福美满	有矛盾	再生一孩				
经济物质金钱	财务自由，不为钱烦恼	常为钱烦恼	赚 ×× 万后买新房				
未来预测							

二、难以取舍时，采用打分和排除法

当两个选择没有明显优劣时，我们常用的是排除法和打分法，同样，用纸笔一一罗列下所有的考虑因素，减少遗漏，也可以让家人参与投票。

不同的年龄段考虑的因素不同，比如住房、户口、教育、医疗、交通、职业前景、未来的发展、配偶的职业前景……以未来计划表为思考基础，将各个影响因子以 1 ～ 10 分进行打分，这样的好处是更直观，列出所有想到的问题，即使没有答案，也可以让很多问题浮现出来。

这和一般的职业选择不一样，不需要在家庭和职业项之间打分。比如，不能把上海的房价和现在的工资之间对比（这显而易见完败），而应该把上海和现在城市换房的居住难度相比。

每个项列出优势、劣势和解决方案及难易程度。

比如，最大的问题在于上海的房子，列的时候，假设比较房产。

上海房产优势：价值高，有助于解决孩子教育，指数 10 分；

劣势：贵，拥挤指数 3 分。

现城市：稳定，未来升值保值，二线城市房产不确定，指数 7 分。

劣势：限制人的升值空间和发展空间，指数 2 分。

如下表：

	优势	劣势	劣势因素解决方案
上海房	10	3	换房、更努力赚钱
本地房	7	2	城市政策预期不会改变

上海　　　　本地

优势－劣势＝ 7　　　　5

拥有上海房产有利于未来发展，再看困难（劣势）是否有解决方案：

拥挤：寻找中档房产，约价值 1 000 万元。

贵：卖掉现城市房产，净值 500 万元作首付，贷款 500 万元，贷款 ×× 年，月均还款 ××。

这样大概能把一件模糊的事具体化，得出结论后就可以行动，比如还款压力大，就要看到上海的职业前景，如果能支撑得起说明财务是稳健的，如果不能支撑就要看是不是还要再进一步努力。

这样不至于完全没头绪。

列出各项的优势指数及解决方案，有没有完全无法解决的项目。这种方法最关键的还有一票否决，再科学的方法，如果和人才本身价值观完全相背，分数再高也不起决定作用，所以打分时要时刻问自己是否控制得住情绪偏好。

家庭打分法要注意是不是已经把所有家庭成员都考虑在内了。

如果家里有老有小、结构复杂，每个人不能只考虑自己角度，家庭成员对家庭的贡献度和重要性首先要考虑进去，以未来为维度，优先考虑孩子和养家的主力，打分时应说明原则。每项打分时，应该先摈弃掉个人情感因素，最后再看情感项作为一项困难因素有没有解决方案。

最后总结时，也再次问自己，还有没有内心深处最想要的东西没有被考虑到。通过打分法可以列出各种可能，让自己更了解自己，将来无论做什么最终决定都不后悔。

三、设想最坏的情况，前进时不把后路封死

虽然现在经常号召人要“全情投入”，但是不可否认，一个人的职业发展必须考虑到风险的管控。

要想一想，如果接受了异地 Offer，后来异地安置不成功，最坏的情况会是什么，

如果失败了退路在哪里？

要考虑城市、职业的容纳度，城市里本人所在行业的集聚度。只有自己的眼界更宽、能力更强，才能有更好的选择。这也是有意识察觉自己能力不足的好时机，要有计划地让自己的可迁移能力得到提高。

通过对退路的考虑，会让你更深入地考虑未来的职业的发展，也能更好地考虑未来家庭财务保障的问题。

同时，也要想想，如果异地的这个机会抓住了，收益会有多大，下一步的职业出口会是哪里。凡事如果能用更长一点的视角看问题，也许就会有不同的答案。

四、给自己一个缓冲期

突破舒适区从来就不是一句容易的话，我了解的绝大多数成家后异地安家成功的，都是先给自己定个期限，这段时间内自己先来新城市探路，稳住脚跟，了解更全面的信息后再陆续准备好住所，了解了户口教育问题、生活的场景熟悉了才把家搬到身边。

即使是业内大牛，有时候也不能对生活过于自信，职场竞争力强和生活的一地鸡毛相比，有时安排不好也会败下阵来。

去年我们就有一起从国外到深圳腾讯公司的案例失败的，当时对方已经给候选人安排了过渡期宿舍，候选人却希望和在国外一样，一定要全家一起过来，而中国大城市的住房、教育都是问题，没有一定时间根本无法搞定。最后因不适应，候选人最终还是决定放弃。而另一位同时从国外过来的专家，先是一个人过来适应了深圳的环境，近一年才准备在深圳安家。

五、动态地的考虑环境对人的影响

环境对人的影响不容小觑，懒散的圈子助长惰性，如果能和优秀努力的人一起就会觉得自己勤奋一点是很平常的事情。

最后要设想一下究竟自己想要过什么样的生活，新的朋友圈、新的工作环境和现在比会是什么样的，会不会帮助自己扩大社交、提升自己的层次。只有当自己层次更高、眼界更开阔，才能有更好的方法解决问题。我的研究生同学小江，世代在农村，第一份工作在四线小县城，孩子已经上小学了，他才考上研究生，又接着读博士，毕业后先在南京大学教书，后来有了机会到中国人民大学，他立刻抓住机会到了北京从教。孩子读高中时，他北京的房子、户口都顺势解决了，可以说他的家庭因他而改变。

我做猎头时看到很多候选人更换城市工作生活，开始都是面临巨大压力的，尤其是北京上海，无一例外会遇到房子、户口问题。随着各地对人才的争夺加剧，无论是传统北上广深，还是新一线城市都放宽了对人才的落户限制，只要有足够的能力，所谓的现实问题也会有解决的可能。

其实换到一个更开阔的环境，人的视野和能力都会改变，原先认为不可能解决的问题也会有更多的方法。

人总想什么都有，但经常会碰到无法两全的事。

异地安置不可能遇不到困难，主要是看求发展还是求稳定，人都是两者皆想要，但也愿意在范围之内的牺牲，所以对于大多数普通人，如果牺牲的范围可控，做决定的勇气就更大些。

所以我们要设想不确定的因素，尽量准备好应对措施，将风险控制住，让我们鼓起勇气走出舒适区。

在家庭与事业的选择，如果不能家庭和事业兼顾，这也是必输的选择。事业是为了更好的家庭生活，但不仅是为了眼前的家庭生活，我们必须看得更长远，只有能力强了、可选择项多了、掌握的资源更多，才不在意当下的得失。有时候勇气也需要锻炼。

无论怎么选，在一个新的选择到来的时候，往往会有更多新的信息让我们更深入地思考眼前的生活和未来。如果你遇到这样的机会，一定不能错过，这不仅是职场发展的机会，更是一生中一次难得的让你认知升级的好机会。

困境六：从外企到民企，不适应怎么办?

我的朋友 J 2017 年换工作了，从原先 500 强消费品公司到了一家大型的消费品民营公司，老板是行业旗帜人物，现在正在大力引入外企人才改造他的公司。从外企到民企从来就不是很容易的事。J 到新单位处处觉得不适应，和我谈到她刚去公司时，比如要求穿职业装、用六顶思考帽这些方法开会，领导一直表示赞赏。可能与现有的人的习惯不符，效果并不好，叫好不叫座，更不要说对营销体系的一些改革措施了，几乎都遇到了阻力。

J 是念过名校 MBA 的，又有十多年优秀的职场经验。准备大干一场，引入一些先进的理念，让公司这帮人看看什么叫专业化、职业化、现代化。但是两三个月来，并没有什么成绩，J 也很痛苦。

新公司原高层的同事也对 J 的管理建议不以为然，公司业务进展很好，哪有时间搞这些形式，认为 J 不接地气。

J 已经觉得自己在努力适应现公司文化，想把外企优秀的管理方法引进来，但没想到当管理超过经营水平的时候，就会出问题，并不是管理不对，而是经营承载不了。管理起不了效果，就会显得比较空，所谓不接地气就是这个原因。

J 这种情况在新入职一家公司是常会遇到的。比如，外企到民企，大企业到中等企业存在非常多的现象。这些民企、中等企业并不因为现代管理水平不高而业绩差。生存发展到现在，他们都已经自成体系，经营得相当不错，但在成长到一定规模后，确实会遇到很多问题，民企老板也希望管理升级，如果希望向更好的方向发展，必须引入新的管理，这是管理升级的过程。于是老板也会去读 EMBA，请咨询公司，引入外企成熟高管。

外企的很多管理人员也因为各种各样的原因，比如外企经营在中国水土不服、理想和情怀等原因加盟到民企来。大家都想做出点成绩，但能融入文化、做出成绩并不是易事。

有次我带孩子到一个新的健身房去游泳，因为这里的柜子开门方式和我原来的方向不同，我没注意，狠狠地碰了下头，还摔了一跤，当时感觉差点脑震荡。从外企到民企，有时也会像我一样，不仅会碰头，说不定还会有更严重的后果。我看到过很多大力引进了外企经理人团队后业绩腰斩，甚至元气大伤的公司，也见了很多后悔不迭，甚至职业生命就此完结的职业经理人。

其实进入一个新企业，如果做的事都是我们似乎很熟悉的，我们会以为自己很了解，用旧经验去看新的环境会让我们有诸多不适。我从各类跳槽案例中发现，有些完全转行的人反而比换企业或换岗位职能的适应更快些。因为有些熟悉的东西让我们放松了对陌生部分的警惕。

一、熟悉环境，不忘初心

J 在外企工作了十年，因公司业务一直增长不快，经猎头推荐后进入了一家发展迅猛的合资公司。入职后才发现，新公司除了业务发展迅猛，文化还非常激进。尤其是会议文化非常特殊，一到开会，大家都在互相诉苦，实质行动没什么跟进，所有的事其实都在会下解决。公司居然还有那种全体呼口号、表决心的晨会，领导还考虑晨会引入美容美发行业的跳舞形势。J震惊，简直太可笑了。J困惑地说，大家难道不知道开会的基本原则吗？难道不解决问题，光表决心就行吗？

她原先公司的晨会都是摆数字、找问题、落实方案、责任到人、解决问题，实在没想到新公司会议居然是这个形式，至于什么老员工、裙带复杂，反正有心理预期，虽然不认可倒也没什么了，这也是与她原先预期的最大的不同罢了。

其实这只是表现形式不一样，如果真认准了领导有战略眼光，公司前景很好，就不必留恋原来理性克制的文化。既然到了新环境，必须牢记当时为何加入这家公司，不忘初心。

现在不少民企用这种形式，实际上是员工素质不够整齐，为了提高执行力、凝聚力的一种表现。很多时候，也是企业的无奈之举。现在这种形式已经应用于多个行业，尤其是保险、地产中介、餐饮、美容美发等。如果毫无可取之处，相信也会被抛弃。据我了解，有些外企也在效仿。如果整体方向是自己喜欢的，不必把这种形式上的东西看得不可接受。

至于领导和同事没什么界限概念、公私时间不分、公私事务不分，这也是很多民企自身的特点，甚至领导自身根本没有这种意识。这也是需要先接受再慢慢改造的。

不要那么悲观，所有企业的发展都离不开大环境，社会环境总体是更职业、更有隐私的。我们所要牢记的正如卡耐基先生曾经讲过的：折磨我们走不远的，往往不是路途的艰辛，而是鞋子里的沙砾。

二、公司管理为了经营，心态很重要

充分了解新企业的做法，管理不能超过经营，外企的人才相对整齐，招聘标准也相对高，培训和培养体系完整，更重要的是，因为已经运作较长时间，职业经理人制度完善，企业文化比较稳定。民企的发展时间较短，企业老员工招聘时会参差不齐，培训培养体系在建设中，领导就是文化的核心，制度也在建立之中，外部环境又要求企业灵活多变，文化上自然相对更灵活。我们在为民企服务时，很多领导招高级经理人都希望他们有创业心态，而外企从来没听说过要有什么创业心态，如果心态要求，更多的是要求执行心态。

三、注意用词，想改变别人，先调整自己

外企出身的职业经理人，尤其是时间较长、成绩不错的容易养成较“洋范儿”，用词和举止就能看出，这也是最表面看出的差异，我们常笑称同样一个行业，做同样的生意，用同样的渠道，外企人和民企人从样子上就像两国人。从外企入民企工作要过的融入环境第一关就是不要急着判断他人的谈吐、邮件用词等，而要看环境，先从表面让他人认可你。

四、改变从小处着手

改变从小处着手，从减法开始，慢慢替换，再慢慢加法。

大多数人都讨厌改变，尤其大家身在这个环境中，多了个外来的空降兵，大家并不会感觉会改变什么，但一下子增加很多东西，大家会立刻发现并觉得很烦，人的第一反应是抗拒。但减少一件不太被重视的东西、一点点改动大家其实并不注意，如果效果好，就会形成共识。

可以仔细梳理一下工作流，看看有没有特别不合理、调整起来又很容易、且效果明显的地方，能减掉一些多余的环节，再替代一些新的做法，慢慢实现流程的更换。

五、成绩最重要，哪怕是小成绩

任何地方，领导力就是影响他人的能力，而影响力除了职位的权威，更重要的是人格魅力和专家能力。专家能力是在专业上体现出来的，只是要等待机会、积极创造机会，优秀的人总能脱颖而出，而人格魅力大的人，机会也会更快降临。人格魅力在于严格的自我要求和对他人真诚的关爱，为他人创造价值。

在一个新的环境中，最重要的是先贡献价值再展示权威。如果能从比较容易看出效果的技能方面做一些准备，比如邮件的模板，响应速度……这些既不会有大的不适，又容易上手，从小成绩开始，树立起自己的专家能力，再去做更大更深入的改变。

六、坚定信心，调整心态

坚信自己能为新企业创造更大的价值，不是批判，而是逐步改造。我们选择一条道路时，必然要接受这条路上的荆棘和坎坷。有能参与决策的机会就要接受决策的伙伴与自己观念的不同。

到新的环境我们一定要舍弃掉存量思维，以前的成功经验可能是以后失败的种子，存在即合理。既然来了，需要学习适应新环境，还要认识到，新公司请自己来，正是因为有问题要解决，将原有的有益经验逐步整合进新团队一定是新公司的期望。坚定信心、调整心态，光是批判并不能帮助团队，要有更好的方案，让人信服才能带来改变。

七、多创造机会进行各层级非正式沟通交流

外企沟通成本较低。而在民企，团队之间的配合很多时候沟通并不在工作上，这会让人觉得沟通成本高，其实只是表现形式很不一样。民企除了和领导多沟通，

也要在线下创造机会和同事多沟通，取得信任时需要展示信任，有了信任很多事情才能顺利进行。

除了得到领导的信任、了解领导的交流方式、思维方式外，还要理解领导的战略、理解公司资源的局限，为公司的发展提供专业的意见，让专业赢得信任和尊重。在民企里，领导的能力、眼光、决心很重要。

最后J同意用全力以赴的心态投入工作，也理解了为什么过半的外企跳到民企的职业经理人实在适应不了的原因。这和跨界一样，需要很多准备，如果准备不足，在一个平台上的经验并不能用到另一个平台上。这种情况下要清醒地认识到自己并没有准备好时机，要给自己一个合理的时间。

人岗适配在于意愿、能力和文化价值观三方面的匹配。

一般已经在一个行业做到较高层级的职业经理人都有相当的业务管理能力，很少会因为能力不足胜任不了新公司要求的工作，即使是跨行业跳槽，这样有决心的经理人学习能力也不会太差，意愿、能力都不会有太大问题，最容易出问题的是价值观。企业发展过程中积累的各种沟通方式、工作流程、工作习惯等很难短期改变，而职业经理人已经在原有的环境里价值观被塑造成熟，双方在文化和价值观层面的冲突会直接影响。找到最适合自己发展的平台很重要。

困境七：钱总不够花，怎样才能实现财务自由？

我的前同事小Z前段时间找到我，谈到现在生活上的困境，最大的问题是一个字：钱。

Z刚毕业在一家网络招聘公司做销售，一年多后转到我们公司做了一段时间猎头，业绩不好，拿不到提成，又转到一家国资背景房产公司做HR，但没过多久觉得拿死工资没前途，又跳槽去做招聘软件做销售，现在大概月薪 25 000 元。北京生活压力大，他还经常月光，不喜欢现在的工作，但是现在 30 岁了越来越不敢跳槽了，觉得自己在北京一无所有，没房没车不敢结婚。他说，如果我有 5 000 万就可以找自己喜欢的事做了……

职场上，很多人会陷入不喜欢但不得不做的境地，金钱是很多人追求喜欢生活的最大约束，以至于很多人为了钱而跳槽。通过跳槽得到的薪资增长也是有限的，如果多次跳槽，很快会陷入无处可跳的情况。在巨大生活压力下，财务自由成了很多人向往的状态。

曾经有段时间，富爸爸系列的书比较流行。按照罗伯特·清崎在富爸爸系列书中的定义，如果被动收入超过了自己的正常开支，也就是财务自由了，在这种情况下你可以选择工作或者不工作，财务自由让你有足够的钱，在你不出卖自己时间的情况下仍然能维持正常开支，自然就可以有选择不做你不愿意做的事的自由。于是，很多人都把大量精力投入到投资理财中去，认为工作是为别人，不值得去花精力。

但是几年过去后，很多人发现因为本金有限、时机不同、眼光差异，真正通过投资实现财务自由的人很少，反而把精力花在工作上、取得极大事业成就的人，不比大多数人的收益小。

从职业中得到的成长和快乐是不一样的，职场上的成功人士往往在投资上思想也更开阔。很多职业成功的人不光是实现了财务自由，更实现了美好的人生理想。

一、根据职业发展规律，投资自己，让价值最大化

用钱赚钱比用人赚钱快，所以人人都希望有带来被动收入的资产，但绝大部分人本金太少，投资又是件专业的事，很多人花费大量时间和金钱，回报却不如人意。

所以工作得到的主动收入还是非常重要的，对于绝大多数人普通人来说，投资收益翻番很难，但努力一下薪水翻倍相对容易。所以，工资对大部分职场中人来说是最重要的收入来源。很多人觉得提高薪水难，实际上，认真规划职涯，投资自己是个收益最高、风险最小的事。

人的职业生涯能延续三四十年，要用长期的效用来规划，实现价值最大化不是看一时，而是看总体。

1. 在职业生涯的初期，通过勤奋努力赚钱

能力弱、经验有限的职业生涯初期，即便重视薪水也很难有较大的差异，应该更看重能力的提升、眼界的提高、朋友圈的积累，为进一步发展积聚势能。

2. 在职业生涯成长期，通过能力增强赚钱

确定下职业路径和需要打造的核心能力，把能力打造到精通擅长的地步，建立自己的竞争优势。

3. 在职业生涯成熟期，通过合理配置，解决问题赚钱

能力、精力处于高峰期，积累了行业经验和朋友，要考虑行业是不是能最大限度地发挥自己的优势，能力变现往往不仅是通过直线上升，而是要进行更合理的配置。跳槽、创业、换行，最重要的不是薪水，而是自己能力的充分发挥，哪种最能发挥自己的能力，就是变现最正确的选择。

4. 在职业生涯的衰退期，通过影响力赚钱

将自己的能力、经验总结出来，让影响力更大，通过做顾问、培训、做咨询项目等尽量延长职业寿命。

很多人在职涯初期只看重收入，将收入作为选择工作最重要的指标，是极不妥当的，职业的初期应该更着眼能力的提高，选择能尽快提升能力的工作和上升期的行业。将更多的精力放在能力提升上，积累势能到一定的程度后，随着职业价值上升，再将自己的价值在市场上变现。

二、职场打拼要注意收入结构

1. 关注单位时间收入

作为普通职业人，最要注意的是税后小时净收入，要用时薪考虑报酬，经常想想怎么让时薪更值钱？除了公司现在的工作，还有什么是可以让自己变现又增值的副业。

每个公司规定不一，有些公司看似薪水有所提升，但工作时长非常长，一周工作六天，每天早六晚六。还有些公司虽然没有明文规定加班时间，但加班几乎成了一种文化，这在房地产、互联网公司是常见的。我的一个客户是在游戏公司，每天下班时间没有车去地铁，只有晚上十点后才有班车送到地铁站，保证员工坐上最后一班地铁回家。如果你准点下班会很奇怪，公司每年会校招，也会裁掉一批 35 岁以上的“老”程序员。对这样的公司文化最好事先有所准备，成长速度一定要很快。

2．分享经济和企业成长的红利

中国的证券市场对有价值的公司越来越看重。如果自己能力过硬，会有很多机会分享到中国经济和政策的红利。工作时要看企业的发展，现在越来越多的企业能通过股权改革留住人才，如果有机会进入一家成长性的公司，参与到早期的高管股权分配计划，那就有可能成为上市公司的内部人，比买股票要靠谱得多。

3. 通过提升个人价值提升收入

无论薪资收入还是投资收入，一个人的收入是个人价值的体现。你把精力放在哪里，成果就会在哪里，应该把精力放在最能发挥自己能力、特长的领域。

薪资是很复杂的，不能光看薪资，更要看整体薪酬和可支配收入，但总体上，薪资是你的个人价值在职业坐标里的体现。

一般情况，在本单位如果没有职务晋升，只能随着整体平均加薪幅度而加薪，正常的加薪一般在10%之内。随着经济发展越来越成熟稳定，职场的每年平均加薪幅度在悄然降低，通过跳槽获得的加薪可以达到20%或以上。但是即便如此，与企业的成长性相比，这些微小的差异并不是最应该看重的。

三、多样化收入来源

我们最大的风险来源于我们收入来源单一，支出项目却很多，所以，在职业生涯中，一定要注意分散风险。

1. 家庭收入多来源

在现在中国的条件下，尽量不要把生活压力压在一个人身上。越来越多的中产家庭因为育儿的因素财务非常脆弱。有些家庭中男性为赚钱主力，太太在生育期间想放弃不太高的工作专心育儿，虽然主力的收入很高，但如果太太不工作，还生了二孩三孩，家庭财务就非常脆弱。

2. 个人收入多来源

个人收入多样化，在职业期，至少要有多样化收入来源的思维，多考虑除了工作之外，有没有另外的收入源，有没有被动收入。

①投资理财收入

可以学习一些投资理财知识，哪怕从基金定投开始。当资金稍大，有一定时间时可以研究出更多的投资方式，让自己每月固定有工资外的投资收入。

②工作衍生收入

在自己的主业之外，不断通过专业的分享建立另外的衍生收入，比如写公号文、做演讲，做与主业差异大的副业。一方面可以让自己的影响力放大，对自己未来的职业发展有好处。另一方面，可以获得额外的收入，哪怕再少，让收入多样化也为未来可能的职业发展或转型提供更多的可能。

四、合理配置资产

在职场上，无论什么职业，什么收入，都要尽量考虑长期的风险和收益，要做个人资产的合理配置。

资产配置是指根据投资者个体不同的情况和投资目标，把投资分配在不同种类的资产上，如： 现金、股票、房地产等，资产配置是理财概念，根据个人投资计划的时限及可承受的风险来进行各类资产组合，理财也要兼顾收益性和流动性，在获取理想回报之余，把风险减至最低。

职场人要根据自己的年龄、收入、家庭情况进行资产多元分散，多元分散可以在多维度上实现：资产分散（不同的资产类别）、市场分散（不同的区域、市场）和时间分散（坚持长期投资）。

我们的一位候选人A，已经四十岁了，上海本地人，500强制药公司财务总监。他的年薪税后有150万有余，四个老人也都有退休收入，太太原本是500强的中高层，家里原先拆迁补了三套房都卖了换成独栋大别墅。现在空置，有一套房自住，家有两辆车，一直生活潇洒。生了二孩，太太考虑生了二孩年龄大了，于是不上班了。2017年，这家制药公司裁了几条业务线，很有可能退出中国，凭他的资历，本应很容易找到另外的工作，可发现放出风声后，猎头态度都很好，但推荐的两个民营企业都是每月发较低的底薪，要看年度整体绩效才有奖金，A完全无法接受。他这才发现自己的财务原来那么脆弱，大女儿上学，小儿子刚出生，家里保姆两个，别墅华而不实，既租不出去，自己又因太远无法住，经济压力立刻大起来了。

我的另一位朋友B，离婚、再婚、再生子，也是一堆事情，但因为原来家底不错，他又很早进外企，当年的收入很高，房价低的时候买过四套房出租，去年在他生活低谷时工作也遇到了问题，应该是非常不顺利，他干脆创业，由于原先的积累好，即使没工资，也有几万的房租，现在再婚，太太自己也有两套房的嫁妆，两人中年重组，再生一子，太太也能专心育儿。

两位基础条件差不多，只不过碰巧 A 买了别墅，B 买了可出租的房子，现在的经济压力差异就很大了。不同的资产结构构成了不同的财务安全感。

任何时候，都要考虑风险性和收益性，也要考虑资产的流动性，资产配置也是我们的必修课。

五、理财要贯穿职业人的一生

年轻时，要有积蓄和投资的概念。要有保障保险的意识。虽然绝大多数普通人是不可能靠投资理财获得财务自由，但理财就是理生活，让金钱的运用更加智慧是人一生的工作。

年轻时钱少、时间多、精力好，就要注意时间的安排，多学习一些理财知识，争取收入源多样化，早日有被动收入。

①节制消费。

②记账。用记账软件记下每笔开销，你的开销远比你感觉的要大得多。

③有工作时，永远至少放三个月工资的存款在银行里。

④永远把收入的 10% 存起来，找一个比余额宝收益更高的理财方式，如果找不到就放余额宝。

⑤每月定投指数基金，哪怕一百元，准备十年不要动这笔钱。

⑥学习投资知识（模拟操作至少半年）之前，不胡乱投资任何 P2P、股票。

⑦长期关注一两家专业财经网站和理财公众号。

⑧除了父母家人，不要向别人借钱，也不要借钱给别人。实在特殊，救急不救

穷，借钱给人就不要想收回来。

⑨年轻时就要有保险概念，万一自己有事，不要让亲人在精神重创的情况下也陷入经济困境。

……

即使一生难以完全实现被动收入的财务自由，只要不断学习进取、多做功课，在当今还是有相当多的机会在职业和财务上实现成功的。

良好的职业规划、财务规划、健康规划也会让我们远离匮乏和稀缺，真正实现精神和生活的富足，理财也是职场中人应备的基本技能。

困境八：工作生活能平衡吗？（女性如何利用特长，职场向前一步）

家庭事业双丰收是每个职场中人追求。曾经有位互联网大佬发过一条朋友圈："我的人生竟然如此失败，没有任何意义。"引得一片议论，后来他解释说因为工作太忙，一个月才能见一次孩子。亿万富翁也会有这样的烦恼，可见，很多时候，在职场上家庭事业平衡是男女都会遇到的挑战。但男性却常以事业的成功作为标准，如果换成女性发此感慨，肯定会遭到更多质疑。毕竟"家庭工作如何平衡""离开孩子会不会内疚"之类的问题会专门问女人。我经常被问到"职场女性是不是很难晋升""跳槽也常会遇到困难"等相关的问题。

其实，现在越来越多的世界级企业已经在逐步改变对职业女性的态度。

例如我们的客户在和我们合作中曾经有一份补充协议，对于全球范围内成功推荐的少数族群高管，在中国主要是指女性，推荐成功的猎头收费点数可以增加两个点。

因为很多全球企业都看到了员工多样性的好处。这样注重各层级员工多样化的公司越来越多。

在现代职场上，无论男女，都应该发挥自己能力所长。现代知识工作占的比例越来越大，女性天然的生理特点已经不再成为不可克服的劣势，其实很多机会是有利于女性的。

十多年前，我为客户寻找高管人才时，百万年薪以上的女性就少了，薪水在500万以上的女性高管极为罕见。甚至连HR、财务之类女性从业者较多的工作，做到顶尖的女性也极少，当时寻找美股、港股、A股做过上市的财务总监候选人中一位女士也没有，甚至当时我们为强生公司找女性生理用品方面的研发总监都是男人。十多年前，经常会听到一些中层经理直接告诉我们猎头，工作上不接受向女领导汇报。现在已经很少听到这样的要求了。百万年薪以上的女性也在迅速增加。

世界变化了很多，但是职场的高层中，女性仍然是少数。所以，很多有全球多样化要求的组织都是把女性和全球的有色人种、少数族裔放在一类，说明女性仍然有极大的发展空间。

我一直认为职场中最重要的品质是坚韧，大部分女性在坚韧度上是胜于男性的。智商、耐心、牺牲精神、敏感、亲和、同理心……女性在能力上天然并不比男性弱，男女各有不同的优势。看看初期工作和学习过程，就能发现女性的巨大优势，但是职场女性大部分在职场长跑中会慢下来。

因为仍然会有一些女性的“本分”“天经地义”的标签让女性有一种“女人就应该如何”的想法。女性高管的天花板有时候甚至是自己给自己设定的障碍。很多女性，仍然会受到：稳定的工作才好、家庭才是女人的事业、女人最大的成就是孩子、太强的女人不幸福、女人要乖巧、善良、太强的女人要么嫁不出去，要么容易离婚这些传统观点的束缚。

女性想要突破，就不要把这些标签贴在心里，要发挥优势，勇于更进一步。

一、女性职场需要抓大放小

1. 制订人生每个阶段最重要的目标，抓住关键

无论男女，尽量把一些重要节点抓好，特别是生育，因为生育是家庭和工作的重大事件，对女性来说往往对职业有很大的影响。在生育阶段一定是将重点重新排序的，必然会有取舍。

一般来讲，职业的快速发展期在 28 ～ 35 岁这个区间，可一般女性最佳生育年龄在 23 ～ 30 岁，最好不要超过 35 岁。现在二孩三孩政策放开，越发对女性职业发展带来很多潜在的风险。职业发展初期和生育重叠对女性职场腾飞是不利的。有人纠结是去做公务员还是事业单位、科研院所、大企业还是小公司，其实每项工作都有其适合的人。如果从事业发展角度来说，对于女性早期职业发展，大公司比小公司好，如果更愿意平稳度日，以家庭为重，公务员和科研院所更合适。

我见过很多育龄女性抱怨用人单位不人道，对怀孕生子看得很重，觉得自己无形间失去了机会，很不公平。可我不止一次看到，有些人刚工作不久就怀孕，一怀孕就保胎，生了孩子产假，上了班后哺乳假，哺乳结束后孩子常生病，一年半后又怀上了……公司毫无办法，很多女性还沾沾自喜。

就我的个人经验来讲，如果个人在职业上有追求，还是比较建议稍晚一些结婚生子比较好。现在本科读完已经 22 岁，直读研究生毕业已经 25 岁左右。受过良好教育的女性想要度过职业迷茫和生存期，清楚自己大致的职业方向，收入也稳定下来，一般都要 5 年左右。如果早要孩子，很容易在家庭和生育上消耗太多精力。

如果毕业后聚焦事业，工作五年之后，进入职业的稳定期和发展期，一般到中层干部或骨干了，有些基层的工作可以有团队帮助完成，这个时候考虑要宝宝，身

体状况也不错，经济状况更宽裕，也有足够的人生阅历应对这个小生命。这个年龄如果不是太平庸，都积攒了很多必要可迁移的跨行技能和知识，再战职场也不是太困难。

2. 懂得合理资源转换，勇于取舍

我看到的很多职场表现优秀的女性，大多生活也很幸福。她们没有一个是超人，也不是事事兼顾，只不过不同时期会有所取舍。

初级工作很多女性干得很优秀，越高层级女性越少，这和职场上的精力分配有关。在我看来，最珍贵的资源是时间，最重要的资源是精力，只有投入精力到时间去，懂得合理资源转换，勇于取舍，时间才有意义。

3. 必要时懂得取舍，聚焦重点

女性在全力以赴拼事业的时候，成就绝对不输于男性。但是聚集在工作上的时间和质量却常常少于男性。

一方面，生活琐事和社会角色赋予女性更重的生活责任，另一方面，婆媳、亲子、夫妻关系都很耗注意力，生孩子后又容易被孩子牵扯住大部分精力。

女性在购物、情感这些比较细致的生活上容易得到满足，将精力投入在家庭中，家庭的幸福也很有成就感，但往往会忽略社会是更大的舞台，你在家中面对的只有几个人，而在社会上、职场上要服务更广的群体，并不是付出就有回报。

很多职场上有成就的女性往往职业发展、孩子教育都很好，只不过不屈从于传统的选其一的观点。如果你资源足够，能力足够，可以兼顾得很好，那自然无须紧张。任何人不是超人，想要得到更多，必然付出更多。不同阶段要调整选择的顺序、制订规则、分隔工作和生活，设立每一时间段的重点，想办法寻找支援，问题总能解决。

职场上想有所成就的女人往往更要充分利用身边的资源，让配偶、家人协助，也懂得抓大放小，集中精力在每个阶段做好最重要的事，而不是处处都求完美。家庭和事业并不是矛盾的，当一个人不断磨炼自己的能力时，才会把家庭和事业的层级都能提高到一个新层次。

二、女性职场更要懂得控制情绪

这么多年来，我观察到身边的女性，尤其是年轻些女性，工作上的问题经常在一堆情绪当中，分不清哪些是情绪影响，哪些是工作本身的问题。

女性普遍比同级别男性更情绪化。职场女性确实不容易，但不能总想着别人理解自己的不容易。很多时候女性陷入问题，并不是寻求解决方法，而是求安慰，这样不利于工作。

一般职场上有成绩的女性会更理性些。情绪化不是不能控制的，我们要注意：

①职场尽量不要感情用事，将越少的情绪带入工作越好；多看结果，少看过程中的辛苦，不要感动自己。

②少论是非。

③降低期望值。职场和学校、家庭都很不一样，没人会以你为中心，你得到薪水，就是一份责任，不要过高看自己的贡献。生活上也一样，我常听到女性抱怨另一半不给力，改造当然可以，可我觉得最好的方法是降低预期。我经常在不平衡时，想想自己如果是单亲妈妈会怎样，这样心理就平衡多了。

④坚持原则和底线。女性很容易把“善良”演化为没有原则。

要知道，“忍不住、舍不得”有时是致命的。“明知道 ××× 不好，就是忍不住 ××”，明知道“×× 已经不行了，因为有感情，就是舍不得”，如果不能把这种“明知道”消除掉，就很难做出正确的决定，更难有行动力。

三、女性要更注重自身的发展

我有位研究生同学，经常让我帮她先生关注新的工作机会，但先生的行业现在不大景气，她的薪水、工作都比先生的更有前景，但她充满了愧疚，经常说如果自己和先生调一下就好了，她常说自己是无所谓的，只要孩子和先生好，她就满足了。她给孩子报了很多学习班，给先生积极找新工作，但对自己的工作和学习几乎不关注。

这种情况非常普遍，很多女性自身能力不弱，但安于把自己放在从属位置上，总是先考虑家庭中的其他人，最后才是自己的要求。不安分的女性更多关注自身的发展，只有自身强大，才能让身边资源形成强大的力量，也能影响到身边的人。

四、女性职场更需要开阔视野，拓展朋友圈

想要在职场上更进一步的女人一定要注意扩大“格局”。女性比较敏感，注意力放在生活上多，如果不关注一些“大事”，视野局限，格局相对就小了。

1. 有意扩展阅读的题材

很多女性阅读上也偏爱轻松生活型、小说类的书籍及文章，也更关注生活类、情感类的公众号，不是不好，但不应该局限于此。世界很大，好书很多，很多社会学、心理学、经济学的书籍也许相对严肃，但更有益于思维的训练。

2. 拓展社交圈

无论男女，朋友和社交圈都应该多样化。尤其是女性，如果生活交际圈较窄，更要有意识地参加社交活动。女性要扩大自己的眼界就应该多交朋友，最好有异性朋友，当然，要在注意分寸的前提下交高质量的异性朋友。哪怕是多参加些男性较多的职场社交活动也能扩大自己的思路，扩展自己的“弱联系”也是有利于职业发展的。

3. 有意训练自己的多视角看问题

遇事多从不同角度，逆向和多维思考，看看长期坚持下来会有什么样的不同。经常换位思考，发挥女性同理心强的优势。

五、女性职场要愿意承担更大的责任

1. 职场上有成就的女性比较擅长“做决定”

“做决定”是一种习惯。做决定是要为自己的决定负责的，承担责任意味着成长成熟。从小在“乖巧”“听话”要求下长大的女性更容易依赖别人做决定，这是习惯性地把责任交给别人，非常危险。

把责任交给别人，但其实任何人都无法对你的生活结果负责。如果没有意识到责任，又很难接受别人决定后产生的后果，就会有极大的落差。

2. 相对行动果断，勇于止损的女性更容易抓住机会

能不能抓住机会在于勇气上的差异，而不是能力差距。

我曾经有段时间经常和一帮朋友玩“大富翁”游戏，其中有位朋友经常能最快实现财务自由，开店创业、多次并购、决断果敢、知识丰富、头脑灵活，很快积累了很多财富。她的先生每次在我们说佩服时都叹气，说在现实中，如果她也有这等勇气就好了，因为她连股票亏损都睡不着觉，更不要谈创业了……可见，很多人不是能力问题，而是勇气阻碍了真正的发展。

我第一份工作是高校老师，工作了四年后跳槽时，有一位很优秀的同事惋惜地对我说，四年教龄就这样放弃了，多可惜啊。很多人都是因为舍不得放弃存量，失去了增量的机会。

女人更容易在选择前纠结，选择后后悔。千挑万选选了A，看到B后来不错，心里后悔失落。其实很多事情没有对错，选择之后就应该果断行动，放下“纠结后悔”

这种无用情绪，不说“早知道”这种话，把关注点放在自己所选项上，让自己的选择尽可能在行动中正确。

传统的生活和职场对女性都有一些固化的看法，现在越来越多的成功女性已经为我们树立了标杆，女性完全可以突破这些刻板印象，不用这些标签要求自己。

我们要看到，女性自身在职业上的发展和家庭生活上是有很大促进作用的。因为通过职业的历练，让女性格局放大，不再斤斤计较，处事更有担当，生活更精彩多样。

①生活质量更高，高收入女性生活水平更高。

②言传身教，让家庭生活、亲子关系更和谐。

③能力更强，人在职场上的组织能力、沟通能力、处理事情的决断力都对生活中的事务产生了良性影响。

④紧跟时代，职业女性与时代同步，更了解最新的社会发展动向，尤其是职场上成功的女性，更是时代的弄潮儿。

⑤身心更健康。职场女性想要更有作为，不妨多扬长避短，将更多的注意力放在自身的发展上，不必太在意短期的绝对平衡，努力争取职场更进一步，让家庭、事业都能有更大的收获。

第四章

提高职商，持续精进，进阶为无法被轻易替代的人

精进一：智商、情商和职商

Y是我的前同事，他是北京某名校计算机专业的研究生，毕业后他的很多同学选择了去外企或者新兴企业，或者选择留在北京。他到了南京的一家银行做计算机维护，做了四年后跳槽到保险公司，后来又跳回银行，一做就是十年，直到做到信息部经理。前段时间想让我帮忙在上海找个互联网的工作。

我问他，中间这么多年，他就没想过去专业的IT或互联网公司？他说中间有很多次机会，还有同学让他到腾讯去，但他想着还是在金融机构比较稳当，而且家安在南京了，孩子要上学。我才知道，他的同学已经是华为高管了，其实他大部分同学都已经是职场中非常优秀甚至在互联网行业很出名的人物了。而他快40岁了，一直做着辅助性的银行信息经理的工作，拿着相对普通的薪水，要跳槽时才发现，技术已经跟不上了，找同学帮忙找工作都不好意思。

Y是我印象里的聪明人，记得当年无线才开始流行，我们公司会议室才有Wifi，密码也常换，每次我们开会轮到换密码时，都要拿个纸条抄下来，再输到我们计算机里。Y从来只要看一眼，就能把那一长串数字背下来，过目不忘。而且他也不是光会技术，还是个很幽默的人，他和同事关系很好，每年被评为先进工作者，工作能力相当过硬。但是在省级银行，他的作用仅就是信息维护，并没有什么需要创新的。Y这么聪明的人，职业上居然如此被动，只是在工作的前十五年对职业考虑太少，后来不甘心就悔之晚矣。

一般来讲，受过高等教育的普通人智商差异不大，但我们看到同样的学历背景，工作几年后就能分出差异，开始是斜坡式的，后来是阶梯式的，最后简直就在不同的层级上，无论是认知水平还是成绩都已经不在一个层面了。为什么会有这么大的差距呢？

一、情商和职商

哈佛大学心理学家丹尼尔·戈尔曼的 *EQ - Emotional Intelligence*（中文译本《情商》）一书，把情绪智力（也称情商，EQ）定义为“能认识自己和他人的感觉，自我激励，以及很好地控制自己在人际交往中的情绪的能力。”戈尔曼把情商分为5种情绪能力和社会能力：自知、移情、自律、自强和社交技巧。

在职场上，我们经常看到有些人能较好地处理人际关系，有很好的同理心、沟通也好、工作也更顺利。我们经常会说这些人情商高。

情商高的人在职场中会比较顺利，但有时会处于现状的和谐假想中，看不到外界的风险，很多单位做得不错的人，却因为社会价值评估的变化而变化。很多五百强的中高级经理人，也会遭到职场中年危机，情商、智商都还不足以适应现在的环境。正如Y，其实是情商、智商都不错的人，职业发展却不是很好。

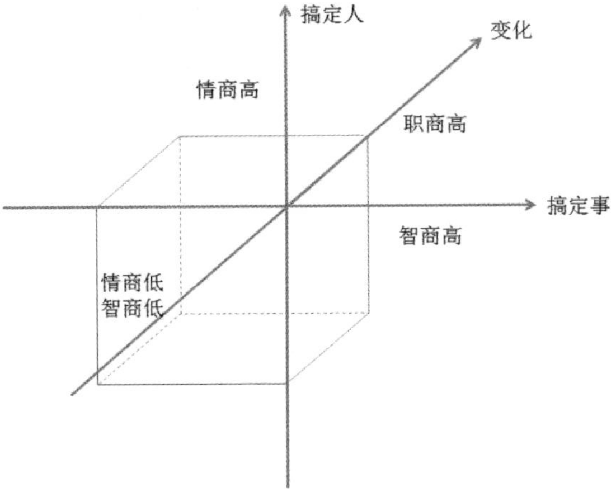

2002年，Blair Aolsin根据500强公司多年的人力资源从业经验在美国《商业

周刊》首次提出“职商”这一概念，职商(Career Quotient)，简称CQ，全称职业智商，就职商的内涵而言，它是工作时智商与情商的综合体验。有职商的人能不断学习，不断改变自己，提高自己，还能根据职场的变化而变化。

二、职商的构成要素

职商只有在职场历练中，应对变化才能成长。

职商是一个人在职业方面的综合素质和能力，它由知识技能、心态以及方法论这样三个维度构成。Y 的情商、智商都不错，就是欠缺职商。

1. 提升自己的专业能力

专业能力是业绩的基础，一个人完成业绩的情况往往代表了工作能力，而工作能力得到认可，代表着社会的接纳，人也会获得自信，这是职商的基础。

我们在学校所学的知识，绝大部分会在离开学校后五年内过时，新兴行业可能在学校里根本就没有学习过，越来越多的人从事的职业工作都和学校所学相差甚远。

能完成工作的具体能力我们称为技能，工作的不断发展对技能也不断提出新的要求，在新的信息时代，没有人能固守着单一、不变的技能就能解决层出不穷的新问题。

很多人学历很高，人际沟通也不错，但实际解决问题的能力不强，在职业匹配度上不高，自然无法转化为专业能力。

像 Y 这样，没有及时注意市场变化，只在封闭小系统中维持，工作上也没有比他人更高要求的刺激，知识技能很容易落后于时代却不自觉，这是缺乏职商的表现。

2. 职业化的心态

在职场上，智商高的不仅是能很好处理自己和他人的情绪，还要用职业化的态度。我们常看到有些人在生活中非常热心、受欢迎，但职场表现平平，因为职场上不是本色表演，而是反本能，用自己岗位要求的形象来要求自己。

①控制自己情绪的能力

职商包括了情商，高情商的人最重要的是能控制住情绪。越是高级别的人控制情绪的能力越强。

很多在职场上能不断提升的人，除了业务能力不断提升外，普遍会不断克服情绪上的波动。情绪稳定不代表没情绪，而是不表现在工作上。在工作时，能将情绪控制好也是情商最重要的表现。在职场上我们经常会看到普通员工为了一点小事就到处嚷嚷，恨不得天下皆知，而越是高管越波澜不惊。

②有同理心

职场上需要与人合作，要求我们能换位思考。

在日常工作和生活中，我们本能地用结果评价他人。比如，如果他人做错事，我们会很不满，但自己做错事了，会用出发点是好的去评价。如果我们能在他人做错事时经常从他的出发点去考虑，就容易理解他人的做法。

③坚韧、抗压力强

坚持不放弃，能克服很多困难，将事情有始有终地做完做好。在职场三四十年的发展中，经常不会一帆风顺。竞争、压力经常与我们相伴，在压力很大时也能表现出较稳定的工作状态是职场成功的基础要求。

3. 完成工作的方法和效能

方法论主要是效能层面，职场上要有不断自我学习和自我提升的意识。

职场上的绝大部分都是知识工作者，都受过较系统的教育，但知识更新的速度在不断加快。现在一出学校，即使从事本专业的工作，也需要重新学习。

很多人在职场上得不到提升，是因为没有意识到自己一直用一些陈旧的方法和思维思考问题，经年累月做着相似的工作，还认为自己稳定忠诚，实际上没有自我提升。没有提高能力就没有对任务更高效能的解决方法，其实就是对工作没有结果交付意识。

三、职场人需要终生提升职商

知识的更新速度很快，在技能层面也要求不断提升和迭代。

1. 知识体系

成人学习和学校学习差异很大，要能有用且要经常用，有需要、有回报。和学校目的性不强的单向学习是有很大差异的，不再有专门的指导、考试，而要用来解决实际问题。

现在学习的渠道很多，很多文章、书籍、讲座也非常容易得到，很多人非常勤奋，有些人工作很努力经常加班，每天都看很多文章，收藏的文章可以装满几个 G 的硬盘，很多人说起现在流行话题都知道，但是解决问题时都用不上，无法将学到的碎片知识整合起来，工作中只要稍有一些变化就束手无策。

一个人的核心知识体系越牢固就越容易将其他知识穿插其中。新的知识必须和已经有的知识间建立联系才能成为知识体系的一部分，将新内容和原有的知识之间建立有联系、不断学习才能不断进步。

我们的关键技能掌握需要长时间的刻意练习。像 Y 那样，长年不从事核心工作，很多关键技能得不到磨炼，就成了“暗能力”，长期就会过时、失去作用，原有知识体系荒废了。他虽然说很关注新技术动向，但散点式的新知识即便学习了，也难以让人信服会很快再成体系。

2. 认知和思维

职商高的人往往都不是只会使蛮力的人，职场上的进步不是工作时间多长、多努力决定的，而是创造了更高的价值，这种高价值也是社会价值评估体系决定的。

这就要求我们不断扩大自己的认知，提高思考能力，不是仅在做事这个层面，而应该在资源和趋势层面做出更准确的判断。

面对不断变化的职场，对不同工作的价值评估也是相对波动的。除了在本专业领域里做到专业精深，我们更应该跳出本行业，以更高的视野去看趋势变化。

3. 自我管理

职业化的要求是按照工作的要求行动，必然要求反本能。职商优秀的人自控力较强、不良习惯少。职商要求对自我的要求和自我管理与时代要求相符合。

4. 团队协作

职商高的人往往能承担责任、有合作精神，在互联网时代，个体再强大也只能做成一些事，很难成为事业，职商高的人会用团队的力量去解决更大的问题。职商并不仅仅是指你所掌握的知识技能扎实程度，同时会考量你在职场和团队中是否具备面对困难却专注如一的心态，是否能够灵活地应对和处理工作中的各种问题，是否能够与他人携手合作共同进步，是否能够发现自己喜爱且擅长的事情并踏踏实实做下去等全方位的综合能力。

5. 懂得规划

职商高的人不是只满足于把工作做好，而是要在低头拉车的同时不断抬头看看路，像经营公司一样经营自己。

人的寿命在延长，百岁已经不足为奇，在漫长的三四十年甚至更长的职涯中，我们会经历很多次行业的巨变，更不要谈公司职位岗位的变化，当这种变化已经成为常态的时候，我们对自己职涯的设计规划就更加重要。

十几年前，我入猎头这行时，客户都是外资企业，一般很容易判断如何找到客户需要的人。而职业经理人只要一直在一个领域、一个专业上深耕，一定会越来越精通业务。但现在，跨行业的流动越来越多，很多职位的要求也越来越多变，对职业经理人的要求除了专业能力，还需要灵活的应变能力和快速了解新知识新技术的能力，几乎每个高级的经理人都要有事业合伙人的责任感和战略眼光。

有职商的人往往会经常看趋势，即使不跳槽，也要经常看看行业里更高职位的要求，经常对比一下自己努力的方向，经常抓住机会对外交流。像 Y 这样，错过很多次机会的人不得不说职商是欠缺的。

人要及时审视自己、找出不足和先天缺陷。有时优越的待遇和稳定的工作环境往往使得很大一部分职场人士对职场的变化处于无知和盲目状态。有一定成绩的人容易自我感觉良好，在职场风云突变时措手不及。在人的一生中，想要实现良好的职业发展、让自身价值最大化就要不断改变自己、充实自己、提高自己，需要有较高的“职商”支撑。

精进二：要想做成事，先要做完事，养成将事情做成闭环的习惯

我们曾经为一家著名民营上市集团推荐过一位财务总监，基础年薪可达 400 多万，竞争非常激烈，共有六位人才入选，面试了八轮后剩下这一位候选人，其实这家公司 CEO 告诉我，经过猎头选拔过的这些人才能力几乎没什么差异，他们没有淘汰任何一位，只不过流程很长，无意间有些人自己就坚持不下去了。

猎头在推荐一些工作时，都有面试流程长、时间长，最后候选人中途放弃的现象。很多 HR 也和我交流过类似的情况，很多最后成功的候选人并不见得是能力最优秀的，而是坚持配合到最后的。

在碎片化信息时代，一个普遍的现象是很多人很难把事情做完整。很多事情一

旦复杂或者时间长了，放弃的人数就成几何状上升。

能不能将所有面试流程走完本来只是一个程序问题，现在也成了重要的筛选人选的手段，我们分析这种情况并不会改变。

一、有始有终，不仅是品质，也是能力

在工作中，能不能把事情做完有时会成为一个人有没有成绩的关键。

很多候选人越来越倾向于面试流程简化，最好一两轮就解决问题。但是从单位方来说，越高级的职位环节越多，越大型成熟的客户面试周期和流程越长。有些大型互联网或 IT 行业的面试即使流程没这么夸张，但面试时间可能会有一整天。面试是缩影，除了仔细从各个维度考查，更要筛选出一个人是否有韧性，能抗过多重考验，在工作中容易积累能力。

很多初级职位上，放弃的比例更大，甚至一场大雨就能让一些本来参加面试的候选人放弃出门。这种草率对待自己工作机会的人，工作失败的概率也大。

即使是中高端职位，大多数候选人也有对新工作意向性不强的，如果面试流程太长，增加过多成本，很多人坚持不下去就会放弃，我们有时候也深表可惜。其实，真的要寻找更适合的新工作，一定要经过较谨慎、全面的筛选成功率才高，想通过一两轮面试就凭感觉定下来的，后面会埋藏很多问题。

有始有终，也是极难得的品质。

二、短暂走的捷径无法保证长久的成功

付出少，得到多的诱惑是很难抵挡的。几天就能速成，一年帮你看 300 本书、五分钟打动面试官、三分钟写出 500 强喜欢的简历，半小时职业测试了解你最适合做什么。信息时代，大家的耐心普遍变差了。

实际上，几乎没有人不认真、系统地学习就成为专家，即使是已经有一定基础，快餐式的知识充其量只是点心，而知识的大餐一定需要投入艰苦的劳动。没有真才实学，即使能打动面试官也无法胜任工作。

只有成为你身边的前 5%，自然会有机会认识比自己原先水准更强的人，再努力成为前 5%，如此往复，自然可以成为更好的自己。所有通向成功的路都是需要付出巨大努力，需要长期积累的。

三、重复性的资源不代表对成长有帮助

C 六年前名校计算机专业研究生毕业，校招进了华为，但他不适应华为的文化，跳槽到一家智能车联公司，半年不到又跳槽进了百度，大公司人际复杂，C 和领导关系不太好，三个月不到再到一家互联网金融公司，后来又跳了几家公司，因为疫情，公司资金链跟不上，现在他又在找工作。

C 前两年跳过的三家较知名的公司，加上后四年跳过的 5 家名称模糊的 F 公司，C 六年跳了八家公司，但因为经历庞杂，并没有哪一份工作真正拿得出手。虽然再次找工作时也拿到了大大小小七八个公司的 Offer，但还是些中等偏下的职位，离他的理想很远。

这种情况在年轻时常有，但这些 Offer 的可选余地并不大，因为自身能力的问题，在选择扎根前要仔细选择土壤，一旦选择后应该将一个行业吃透。选择多并不代表好。

在现代职场，工作机会还是很多的，尤其是刚刚工作就跳槽，似乎很容易。但机会太多了，就不会特别珍惜。一件事没做完，又看到另一件事了，虎头蛇尾成了大多数人不知不觉间的习惯。太多职业机会，却没有选择一个深耕下去，就容易成了职场上的陪练。

四、一个能做成事的人，是能将工作做成闭环、凡事有始有终的人

1．确定目标，不忘初心

不轻易开始一件事，要有目的，想清楚为什么要做这件事。开始做一件事时，问自己为什么要做，开始做了之后坚持到底，即使没能做成功，也要有交代，在想放弃时，问问自己：

- 这件事完结了吗？
- 我当时为什么要做这件事？
- 这件事对我来说已经不重要了吗？

如果回答是否定的，代表初始条件并没有问题，在执行过程中的问题是因为自己没有时间、没有耐心，觉得做起来比较困难，但应该坚持做完。

2．减少选择，切断退路

将事情做完整的前提往往是选择少、做得少方能做得好。在选择前慎重，选择后多坚持而已。要想到“所谓大师就是每天比别人多练五分钟的人”。

正如现在常说的“断舍离”，不仅是在物品上断绝买不需要的东西，舍弃多余物品的迷恋，处理囤积的物品，脱离对物质的迷恋。在处理事情上也要有断舍离的精神。

选择太多、经常不把事情做完整，也易养成随意放弃的习惯，心态变得非常浮躁，遇到一些阻力就容易放弃，做事易变得轻率、缺乏思考，喜欢泛泛而谈。

做一件事往往需要坚持，而坚持本就不是件容易的事。我们从小学过的乐器、读过的书、各种习惯……平庸往往是因为有些事没有坚持下来。很多我们做成功的事，往往是因为没有退路，被迫只能坚持下来。所以，我们要有意识地切断自己的选择链，一旦选择了就坚持做下来，不断重选如同跑步中不断做折返跑，很难有高效率。

3．先求做成，再求做好

职场其实是一个协作网络，当我们从协作网络上接到一个任务，一定要完毕后再反馈给网络，确保两头连接，不管结果如何，都应该反馈给相关人员，尤其出现过失或错误时，更不能避而不谈。

精益求精是需要的，但职场上更需要按时交作业的人。

4. 做成闭环，坚持复盘

很多人问我怎样才能深度工作、如何专注。最简单的方法就是把一件事做完，坚持下来，形成闭环。完成一件事，再用同样的习惯做下一件事。坚持做完一件事，只有当选择时的那个目标已经完成或者原来目标的条件发生了根本改变时才决定不做，而且不做一定要有总结。以此来提升下一次的选择能力。

我在家大扫除时发现了很多曾经找不到的东西，是因为当时没有及时归位。所以用完一个东西就应该放回到原先的地方，形成闭环。做任何事都如此，如果这样事情没做完就去做别的事了，想着等到有空或是换个时间来做，那么大部分时候，我们会慢慢遗忘原先那件事的重要性。

越是资深的人越能耐得住寂寞，越是有成就的人，越能深度工作。

我们所做的事并不是都会成功，但我们可以争取尽可能地将事情做完整。想要做成一件事，就要先要把这件事做完。先完成，再完美。

精进三：像运营公司一样运营自己，建立你的个人品牌美誉度

我们曾经受一家知名人工智能公司的委托找一位总裁，他们除了提出工作能力的要求，还希望要有业界影响力，年薪加股权可达千万。因为他们所从事的人工智

能行业专业度高、分工细。业界领军人物不仅工作能力毋庸置疑，对他们后面吸引资本、吸引人才都能带来便利。这家公司 HRVP（人力资源副总裁）说，他们已经是国内人工智能人才的高地了，内部很多人才专业都不错，如果做事应该没问题，但知名度不够，无法担当总裁位置，董事会和投资方经过慎重考虑，还是要寻找更有影响力的人才。最后我们成功找到了人才 Y，HRVP 问我们怎么找到的。其实，这样的领军型人才猎头很容易找到，网上肯定可以搜到，难的是接触到他、说服他，因为这种人才的机会实在太多了。

我们很容易发现这些人与其他人的不同之处，他们的观点和影响力传播很广。很大程度上，这是个人品牌的力量。是个人品牌将他们与其他也许一样能做这件事的人区别开来。

普通人更需要建立自己的品牌。这么多年职业生涯中，我经常听到的莫过于：工作不满意，想要找更好的机会又少。很多人不受猎头青睐的重要原因是没有不可替代性，没有超出一般人的价值，归根到底，就是没有个人品牌。

前一段时间，我的一个十年前的候选人 T 找到我说想要换工作。

T 大学毕业后在中部省会城市做法律相关的咨询工作，因为对美容感兴趣，业余就将自己的经验在 Sohu 论坛上发帖子，十年前 Sohu 影响力很大，她这民间护肤美容专家十分受欢迎，成了 Sohu 红人，出版社主动找到她，出了一本美容保养的书。那几年，每年光是书的版税就有十多万元，已经超过了她做法律咨询获得的收入，业余兼职做得比主业还成功，当时我们在北京的一家文化公司客户想挖她去做内容总监，也被她拒绝了。

后来 Sohu 论坛影响力大减，她的关注度下降，无新书再出，旧书也没有再版。原先的法律咨询单位效益不好倒闭，她又怀孕生子，生活变化很快。她前几个月联系我说，她现在在街道工作，帮街道做宣传，做法律调解员。

应该说，T现在的收入远低于十年前。T曾经有过个人品牌的高光时刻，也有一定能力，但却没有在职场上走得更好，没有好好利用自己的机会，忽视了经营个人品牌。

每个人都要像经营公司一样经营自己，虽然有行业差异，但对个人品牌打造和维护要重视。

一、品牌能将个人价值倍增

我们的工作薪水和产品的价格一样，既有本身的功能（能做什么），也有职业的平台坐标定价（在哪里做），此外，还有品牌辨识度（能否有影响力、辨识度）。

绝大多数人的薪水只是个人能力加上平台职位坐标的定价，就如同没有品牌的产品，只有功能没有标识度，更没有品牌溢价。也许有的人会因为行业公司甚至是职位薪水相对较高，但是如果没有品牌度，仍然没有不可替代性。

可以说职场上，个人薪水相当于个人的价格变现：

个人薪水＝（个人能力＋职位坐标定价）× 个人品牌

在猎头的职业生涯中，我接触过无数同样职位、差不多能力的职业经理人，除了能力、平台差异外，有没有个人的行业影响力、有没有品牌溢价，越到高端职位差异越大。个人品牌能将基本的个人能力和职位坐标所构成的基本定价倍增，形成品牌溢价。

职业坐标是指很多人的工作就是 ×× 公司 ×× 职位的名片标识，定义自己的工作能力都非常简单，比如：我做了十多年会计，我做了十来年 ×× 的销售，我做了十几年 ×× 年研发，我在哪个公司做运营。再问他们具体的成绩，基本就是把工作要求当成是竞争力，作为自己的价值点，这是很难有特殊价值的。离开了这个工作，目前的平台几乎没有职场存在感。一旦换工作、换行业就不知所措，会发现同质化竞争很严重，无法将自己的积累变成与他人相比的差异化优势，不知道自己还能做什么，很多人到中年遇到变故时一片茫然，有人一辈子都没有想过自己与别人有什么不同。

二、个人品牌能提高辨识度，提升不可替代性

没有个人品牌的人往往没有辨识度，极易被替代。在人海中，做任何事都有大量的竞争，职场上总是能人辈出，同质供应越来越容易得到，人的成败在于自己的独特价值。在市场上要建立不一样的个人品牌认知、有自己的辨识度才是脱颖而出的关键。

比如，我们服务的这家人工智能 AI 公司，推荐成功的人才除了有大家都有的专利、过硬的技术，还能经常对行业前沿发表观点、媒体广泛曝光，对竞争总裁所需要的影响力有着不可替代性。

普通人的品牌不见得会有这么突出，但在一个行业、领域、区域占据什么样的位置，有多大的品牌辨识度直接影响着其不可替代性。

三、品牌独特性和差异化

个人品牌输出要有核心特点。

品牌往往代表了定位，代表了你和他人的不同，当你建立起来自己的独特品牌，就会让人容易想到你、给你机会，而你有了机会，在工作上又会表现出你的能力，强化你的个人品牌，就更容易得到信任。

品牌内涵和个人特点要相符合，把自己独特的不同之处找出来，强化出来，打造自己这个产品。你的一举一动，都是你这个产品的表现形式。你的形象、综合表现就是你的品牌。

①可以将自己的各种能力进行组合，组合产生不一样的差异。

②在足够细分的领域里做到领先。大领域里人才济济，但在足够细分的领域里可以体现出一定的优势，细分领域里占据独一无二的位置比在大品类里成为芸芸众生好。

③如果有多样能力或多项工作，最好建立关联性。

现在很多人都有多种工作的想法，按流行说法是斜杠，可是如果斜杠之间没有任何关联性，就会牵扯精力，往往样样不精，如果有不同的能力或资源，要想想能不能互相之间有所关联，如果没有关联，就应该做些取舍和调整。

比如，T 是学法律的，本来在省会城市政府部门下属的法律部门做咨询，当时的工作与企业经济案件相关。她的书和文章都集中在小女人护肤保养上，和工作简直一点扯不上关系，工作形如鸡肋，当时因为要到处签售，而工作极死板，于是选择了辞职。但当时如果是从事文化相关的工作，可能就会好很多。

四、品牌需要有良好的呈现方式

除了要有自己的作品，还要有作品的呈现方式，让品牌传播更广泛。无论是演讲还是写作、媒体等第三方的采访形式，都是口碑营销的一部分。随着互联网的渗透，人才的曝光率越来越高，越来越多的公司选人会从社交媒体中看一个人的表现，你的形象、言论、在行业内的口碑都形成了你的品牌背书。

个人品牌的建立也要有良好的营销能力，我们为 AI 公司推荐的总裁如果不是被广泛报道，也不会有那么大的影响力。

T 最大的优势是写作，如果没有输出能力，个人品牌也就很难建立。毕竟她有一技之长，文字功底仍在、观察力也很强，虽然这四五年不算顺利，但核心能力仍在。她说她会重新开始，现在的工作也为她提供了一个平台，她会珍惜这个平台，把它和自己的强项结合起来，重新打造自己的个人品牌。也许未来，我们又能看到她在新的领域再现辉煌。

五、个人品牌建立不易，维护更不易，需要长时间打造

建立品牌不易，但想要一直吃品牌红利，也是极为短暂的。

十年前门户网站很热闹，Sohu 论坛人气也旺，T 主要是以介绍自己的经验、经历为主，网络用语活泼，和当时传统的教科书式的语言差异很大，新鲜贴近生活，很受欢迎。后来慢慢博客兴起，再后来微博、大量专业媒体人加入自媒体行列，美妆业竞争激烈，网络用语、交流方式改变都很大，她并不是专业人士，美容保养也是自己的经验，已经不受年轻人的欢迎。现在，她只是一位出过一本书的过气作家，生孩子后兴趣精力都转移到孩子身上，想写一些母婴方面的文章，又不成体系。

个人的核心能力要不断加强，但提供的服务一定要符合市场的规律和要求，这就要经常观察自己的客户需求变化和趋势变化。市场在变，品牌可以不变，但提供的价值内涵要变。T 如果能关注网络媒体的发展，就能早做一些准备。

无论市场趋势还是平台都在不断变化，我们不能想当然地认为自己的服务还符合市场需求。

六、个人品牌要有辨识度和稳定性

比如前文中 T 的经历。当年在门户论坛、天涯这种平台上流行用网名，几乎很少有人用真名。所以，大多数人用网名注册的博主，后来出书也用网名，几乎没人知道她的本名。这个长长的、拗口的网名用于美妆类还可以，用于其他领域都显得不是太专业。

T 曾经找过一家灵活点的文字类相关工作，没想到怀孕了，又想生了孩子后再

考虑工作，生子后事务极多，按她的话说：“不要说保养，有时，一天脸都顾不上洗。”两年时间，她很少将精力放在写作上，为了减少辐射，网都很少上。两年后，不光平台变化，写作的语言手法都已改变。核心能力一旦放弃磨炼，也很容易能力下降、生疏。

投资自己，不断提升品牌价值。强化自己擅长的领域，将专业能力和输出手段结合，不断提高品牌影响力。作为一个想要打造个人品牌的人，可以经常问自己：

你在同事们心目中的印象是什么，提到你，他们第一时间想到什么？

最擅长什么，在你认识的所有人中，你的圈子里，什么是你最拿手的？

在哪一个品类里，你可以名列前茅？

你用什么样的输出方式呈现自己、在什么样的平台上更利于扩大品牌影响力？

品牌需要管理，如果外部印象不一致就容易削弱个人品牌影响力。需要有意识地将同事、领导对你的印象转到你最擅长的事情上。要长期建立和自己形象相符的定位。

在职场上先建立专业形象。在职场上要先建立专业形象，打造自己的品牌、扩大影响力，不光你的职场定价会更高，你的辨识度也会更强。为自己塑造优质的个人品牌，把蕴藏在我们身上最有价值的部分释放出来，扩大影响，让它成为我们身上最闪光的标识。

精进四：相互赋能，彼此成就，才是最好的上下级关系

F在名校计算机专业毕业后进入著名的高科技公司，半年后F的领导跳槽走了，F和新领导关系不好，觉得他的技术能力不行，也选择了跳槽。谁知到了一家人工

智能公司，领导更不如前，不仅技术差、素质也不高，于是他再跳槽到一家游戏公司，试用期内和领导因为工作成果发生争执，再次愤而辞职。两年不到跳槽三次，换了三个行业，F 非常委屈，他一直是优秀学生，在学校时和老师相处都很好，也一直期待好领导能够助他职场快速发展，谁知除了第一任领导，遇到的都是他认为不好的领导。

很多人和 F 一样，都希望能跟对人。可惜，千里马常有，伯乐不常有，遇到好领导的概率实在太少了。很多人会觉得领导技术也不行、管理也不行、人品也不行、修养也不行。

人际关系是影响一个人工作满意度最重要的指标之一。和领导的关系在职场中算是最重要的人际关系了，所以可以说，与领导的关系直接影响了一个人的工作满意度。

一、领导的不足是下属发展的机会

认为领导差不外乎以下几点：

领导业务水平差；

领导能力差；

领导人品差；

彼此性格不符，气场不对。

一些问题出于人上，一些问题出在事上。实际上，每种领导的不足都会是你成长的机会。

1. 领导技术能力不足

很多时候，领导不如下属专业精通是可能的，尤其是有些在管理岗位上的领导或高层级的管理者，对于一线的技术能力不如下属的很多。

我听过很多技术人员抱怨过领导不懂行。这些人实际上没搞懂，对于一个管理层级，尤其是走向中高层管理级别的人来说，管理能力是远大于技术能力的。很多CEO不是本行业出身，但有大局观、能把握大方向，战略层面能力强。要知道，现在颠覆一个行业的往往都不是本行业的对手，而是外行。所以，技术层面的能力只是一个很小的应用层，越往上越需要战略层的能力，这种能力是很难由下而上评估的。因为下级往往会限于自己的视野，将具体事务看得很局限。

每个层级的领导对领导技能、时间管理、工作理念都有不同要求。总体来说，越是高层的管理者对基本专业技术的要求越低，而对战略层面的要求更高，你的领导站在不同位置上，职责对他的要求和你不一样，你们的工作重点也不一样。

这是管理上级的好机会，自己专业能力强的话应该给领导补位。实在不行，看看领导是不是可以给你更大的空间，不阻碍你的发展。

我曾经在保险公司做过HR，遇到的领导是从业务线上调上来的，对人力资源方面的知识基本不懂（也不认为HR是什么专业知识），当时我也是个HR新兵，极渴望有人带，领导让我承担对内对外的所有的工作，逼得我自己什么都要学，成长极快。

大领导也了解这种局面，看我既无怨言，也不居功自傲，给了我很多外部培训的交流的机会。在两位领导的培养下，我不断学习才热爱上了HR这个领域，同时，也快速成长为公司核心的员工。在内部有了机会时，领导第一个考虑到我，我的直线领导也很支持，让我顺利扩大了工作面。到现在，我都非常感谢遇到的历任领导。

2. 领导管理水平不足

很多领导是业务线出身，对业务天然有着事无巨细的关心，但对团队的管理有所欠缺。 要减轻领导业务上的牵挂和压力，就要更多关注团队管理和资源整合。很多领导不能放手的重要原因是觉得下属做事不放心，不如自己当年，这时候多向领导请教业务情况，让自己业务上得到更快发展，做一个省心的被管理者。

所有的难题都是机会，领导所处的位置不同、掌握资源不同、视角不同、决策逻辑不同。在沟通中，应该更多让他感觉自己被支持，而不是被抱怨和威胁。

3．认为领导人品不行

除了极少数确实职业操守有问题，如做人不检点、财务不清楚等。这种情况一定要警惕，尽量远离，纵有利益也决不能与其同流合污。

另外，一般认为领导人品不行的多是领导很多问题处理不当，尤其是认为领导损害了自己的利益，占有了自己的成果。很多时候未必正确，要明白，在一个团队里，你的业绩本来领导是可以支配的。

我看到很多人把自己的工作成果只看成是自己的功劳，其实按照现代契约原则，在单位里工作时间产出的成果都是公司的，有些规定甚至个人都不拥有自己研发的专利。成果被占有当然不太公平，但是很多工作不是你离开平台就能做的。如果是离开平台做出的成果，那能力是你的，既然能脱离平台，犯不着纠结于委屈不委屈。

4．发展不同步

如果一方持续进步，一方停止不前，一定会出问题，如果组织没有相应的制度解决，或者你纠结于以前的感情积累，完全可以与组织达成新的协议去解决。

领导和自身互相赋能是最好的合作状态。领导好，当然是自己很幸运的事，自己要努力成长，从领导处尽量能学习。但是领导不好，无论是哪一方面不好，都是对自己的磨炼。

二、领导是你在职场最重要的掌舵人

1．有把领导当成客户的意识

一个组织雇佣我们，实际上已经买断了我们的时间，要求我们交付出结果。应该用第三方思维来考虑与组织、领导之间的关系，将内部人变成外部人，想一想，领导其实就是你的客户，你如果没有能力选客户，在现有基础上就应该让客户有用你的价值。

试着多从局外人的观点看领导，把领导当客户，你有多关心客户的业务能力、管理能力、人品、情感关怀呢？客户有多少是我们可以随意不交出成果的吗？多半是我们要更努力、更主动一些，为对方解决问题才能体现我们的价值。

2．职场要有自我负责的意识

F 一直希望职场中的领导像老师一样，这是很多职场新人的心态。进入职场，我们首先要改变的是自己的心态，不要总用学生心态看问题，希望 Leader 是老师、公司是学校。其实无论是公司还是领导，付你薪水都是要你交付工作成果的，没有哪个领导愿意招一个人进来当学生培养却还要付他薪水。

我们对 Leader 的期望过高，希望从他那里得到很多我们认为应该得到的：业务指导、资源分配、人品榜样、感情寄托等。其实领导也是职场中人，也有业绩压力，也要面对市场评估，所以我们要以职场成年人的平等心态对待领导。

3．有“不抱怨，只行动”的意识

关系是相互的，抱怨不能解决问题。

如果公司不错、领导真的技术、管理水平都不行，基本会有考评程序，只要领导不专门对付你，就不要过多认为对方压着你。

领导在某种程度上是一个人在职场上最重要的关系，最好的状态是能做到相互赋能，但对于双方关系中处于资源相对薄弱的下属，希望领导赋能自己，就要先能让领导感觉被自己赋能，成为领导不可或缺的助力和后备。

4. 情绪稳定

职场上情绪稳定是重要要求。职场中，上下级容易处理同一件事有不同的角度和资源，面对领导要求时不情绪化更是基本要求。职场中需要成年人，业务能力是最有力的自我证明，应多关注在事情上，而不是放太多精力在关系上。

5. 先做功课

员工入职前，企业都会对其进行背景调查，其实员工也应该对企业和直接领导做一些功课。在入职前通过领英等职场社交平台了解直线领导的背景，在转岗升职时多了解领导的处事风格。如果有可能，还可以和领导做面对面的沟通，了解一下是不是气场相符，尽量回避自己特别不能接受的那类领导。

6. 主动沟通

在沟通原理上“对谁越重要，就应该谁主动”，下级如果无法让自己的行动被领导看到，一方面很难获得资源，另一方面能力也容易被忽略。

我有一位客户 CEO 最近提拔了一位副总 D，和我说提拔的缘由，这几年公司并没有副总这个职位，有很多个部门经理在负责。D 每周会定时找他主动汇报自己部门的情况，公司对部门经理请假并不严格，只要打个招呼就行，但 D 每次请假不仅提前两天，还会告知他请假的具体理由，并写上当日对工作的安排、部门紧急事项的安排。外出见客户，也会顺便在钉钉上不仅写上见客户，还会写好与某某客户就 ×× 事宜会面，当公司越来越大，想到设立一位副总职位时，几位经理的业绩相差不大，但 CEO 第一时间想到的就是 D。

7. 成为领导的补位

不得不说，一个人能做你的领导，一定有他的道理。或者是能力、资历或者是学历等，都要尽量找出闪光点。

很多时候，大家不在其位是很难理解上一级职责的，有时不一定会理解，要尽量主动沟通，多提解决方案，多用选择题给 Leader 弥补微观能力上的不足。

领导之所以需要招聘下属，是需要补足自身的不足或扩大团队的能力边界。和领导有能力差异，能够帮助领导从价值较低的工作中解脱出来，做一些价值更高的事，是下属员工的职责所在。

除非你显得对领导特别有威胁，一般领导是不会花时间对付下属的。我这么多年来，遇到的所有管理者几乎都感叹自己手下人才不足，以至于自己有那么多事要忙，而一个好下属培养出来，又多难留住。

在职场上到底是要解决问题的，什么样的人有能力，很容易显现出来，如果真的能力出众，内部没有机会，外部市场也能给出合理的价位。

能在职场上持续精进的职场人，都是和伙伴相互赋能的人，将领导发展成自己最重要的资源。

精进五：紧盯目标，持续积累，提高职场胜任力

我的朋友L从小就很聪明，一路被保送国内985名校，后来又在美国名校读研，他曾经和我说过，他希望40岁时能够财务自由，或者年薪1 000万元。他毕业后顺利进入500强半导体外企，两年后就觉得太闷，就跳槽到宝洁做销售，做到大区经理后，他觉得管辖区域离家太远，又觉得游戏是个风口，跳槽到一家著名外资游戏公司，但是外资游戏公司在中国规模比较小，只有销售团队，没过多久又去了一家互联网教育平台，民企的环境他也不太适应，几个月后还是觉得外企更适合自己，又跳槽到一家外资的教育机构。这还是时间比较长的，还有些公司时间更短，他就不写在简历上了。就这样，工作十来年，他跳槽大约有十家左右，现在已经40岁了，在这家公司做不带人的销售总监，年薪百万元还不到，而他以前同级别的同事很多已经或者正在冲击大型公司的CEO、总裁、副总裁职位了。

L困惑地找到我，说他最先几份工作都是设定了年薪目标，也都是达到了，他就想冲击下一个目标，慢慢他的薪水也不涨了，跳槽也没以前容易了，十多年下来，发现反而离他的目标远了。

L 的基础很好，但无法胜任更高一级的工作，职场胜任力不够，原定的目标就很难达到了。

一、工作上坚持到阈值才能有明显的提高

有统计显示，中国职场人平均跳槽年限是两年，不知道这个数据的样本量如何，但跳槽频繁的人我经常见到，这些人的各类技能经验都比较浅，即使背景不错，也很难做出出类拔萃的业绩，因为积累没有达到阈值，就很难胜任更高级别的工作。

阈的意思是界限，“阈值”又叫“临界值”，是指一个效应能够产生的最低值或最高值。比如水在零下都是固态的，即使加热了很久，没到 0 度，冰都不会化，看上去还是一块冰。同样，水烧不到 100 度就一直不开，0 度就是水的阈值，100 度就是开水的阈值。职场上做一件事的能力没有烧水这么清晰明确，但道理是一样的。我们经常会说某人积累不够，这个“够”就是阈值。

L 做了很多份工作，在很多家大公司都做过，但都没能坚持下去，到做一份工作能力达到高阶职位的阈值后才跳槽。

L 属于每份工作都能做好，但诱惑太多，心思也不定，每份工作都做得不长，兴趣来得快、去得也快的人。能干的人机会多，也容易干出点小成绩。如果觉得达到了目的，小有所成，很容易自认为已经很懂了，失去继续下去的兴趣。就很难达到胜任下一级工作的阈值。

这个阈值可以是你观察的，也可以是你自己设定的，也可以是你求助专家得来的，但一定要有个阈值的概念去支撑你度过前期。

虽然没有严格规定，但是一般我们会认为一份工作做不到被提拔，没有 3 ～ 4 年，是很难到阈值的。即便是 IT 互联网行业，跳槽相对频繁，但如果仔细看一下很多牛人的简历，也是比较稳定的。

二、没有目标就没有方向，没有计划就没有桥梁

1. 紧盯目标，制订实施计划

L 和我们很多人一样，都有个模糊的 40 岁实现财务自由的目标，但这是个相当不具体的目标，而且没有阶段性。这个目标没有分解，甚至没有和工作挂上紧密的联系。更没有实施目标的计划。

十多年的工作经历中，他换过半导体、快消、游戏、互联网、教育等多个行业，虽然都是集中在市场或销售方面，但是行业过于分散，没有认识到追逐目标的过程中需要坚持同样的方向才能到达。

目标是人们行为的指南，有长期目标和短期目标、核心目标和次要目标，都必须明确，否则计划无从下手。自己应该知道自己想要什么、想干什么，才涉及怎么干。计划的指向是目标，一切为了实现目标而策划。

计划能够将不确定的未来带到确定的现在，像一座桥，计划是联结目标与目标之间的桥梁，也是联结目标和行动的桥梁。联结我们现在所处的位置和你想要去的地方。

走任何路都不一定是最短的路，即使会有周折，但目标明确、方向正确、计划周详，也会通向目标所在地。

如果一个人轻易地被外物所诱惑而改变，多少是因为他原本就对自己的目标并不是那么确定。正如L并没有明确的短、中期目标也没有明确的计划。而这种不确定，又往往是因为自己对周围环境、自身缺乏了解和把握。

L 做每一份工作时，并没有考虑过自己会干不下去，当时都是兴致盎然，根本没有想过五年、十年后自己在这份工作上的样子。如果清晰了解现在的行为和未来的目标是紧密相连的，就知道该如何行动。

2．目标设立合理，设立自己能控制的过程性目标

我们能控制的只有过程，只有把过程控制得足够好，才能有结果。

所以在我们工作时，一定要有过程性目标，还要把前置目标进行转化，一直分解到我们能控制的点上。L 的四十岁实现财务自由、年薪过千万的目标其实在他的背景能力上并不是空想，只是这是无法自己控制的结果性目标。并没有设立自己能控制的前置性目标，比如以现在为坐标，到四十岁之间如何去制订可执行的目标。没有过程指标，结果指标就很难控制。

如果你的目标是不可动摇且方向正确的，走哪条路并不是最重要的。有了目标后，可以寻找现实和目标之间的差异，定下一条路坚持走下去。路往往是走出来的，在这个过程中，一定会有一段到达阈值的过程，在这个阈值到达前，所有的努力可能都看不到成效。聚焦目标，熬过阈值，成就感就会推动你坚持下来，达到目标。

我的另一位朋友 F 做了个公众号，他一直希望成为自媒体行业的达人，所以在公号成立之初，就设立了粉丝过万、十万、百万的时间表，可是一个目标也没达成，第一个公众号做了半年才不到 500 人，改了方向后做另一个公众号，三个月粉丝连 100 都不到。

他后来放弃公众号粉丝的目标，而是规定自己每天更文，将每周的主题写好，终于在一个学习类公众号积累起了粉丝，现在一年多也有了三万多人。他说按以前的目标，增加一个粉丝就很高兴，失去一个就失落半天，其实这种目标根本不是自己能控制的。

从这个过程中我们可以看到：

①结果性目标：粉丝一年内达到一万人，即便分解到每天，对于结果自己也无法控制，只能为之焦虑不已。

②过程性目标：每天写三千字文章。

③前置性目标：文章选题，结构形成套路，参加写作训练。

④后延性目标：从结果倒推哪些地方做得好，哪些需要改进，通过复盘不断改进提高。

L 的很多工作目标都是年薪 × 万元，但这些并不在自己控制，他并没有把精力集中在自己能控制的过程性目标上，把事情本身做好、能力提高，得到更高量级的任务，薪水再提升、再把事情做好、能力再提高，就可以得到更高量级的任务。

三、建立职场胜任力，需要不断调整设立节点目标，完成工作积累

任何一个结果只不过是人生的一个站点。

职场如接力跑，人生似马拉松，在真正退出这场比赛时才可能是终点。所有的结果性目标，其实也只是一个节点，在到达每个结点时，也要想好“出口”在哪里，也就是下一个节点，这样不至于还没有到休息点，就失去了奔头。因为在到阶段节点前一定有新的机会让你感觉别的路可能更好走，别的目标更有吸引力。但如果本来你就把结果当成一个阶段性的节点就会有不一样的看法，大不了，到了节点再进行调整。

很多人如 L 一样做事容易三心二意，做任何工作没几天就会厌倦，跳槽极为频繁，其实非常不利于积累。职场上目标不可能不随着环境变化而进行调整，但我们要学会设立节点性目标，在每个较短的时间内一定要达成目标，完成阶段性的成果，再来审查下一个节点目标。机会永远是有的，但是所有的工作变成结果都会经历困难挫折，只有那些坚韧的人才能做成事。

如果遇到困难就怀疑、动摇、变动，各节点就变成了方向混乱的曲线，离目标的偏差就越来越大。其实职场中最缺的是执行力和韧性。

职场胜任力也是这样通过不断调整设立目标、完成工作积累而成的。工作中你最能做成的不是由这件事所能带来的成就决定，而是由这件事背后所需要的付出决定的。在通向年薪千万的目标过程中需要想着如何分解计划、积累能力、熬过

阈值。

最大的挑战不在于我们如何对待成就，而在于如何承受付出。只有爱我所选，积聚能力，未来才有机会选我所爱。

精进六：想要加薪，先要了解你的薪水从何而来

A是我以前的候选人。四年前我们推荐他去了一家服装零售集团做采购总监，前两年公司经营状况不好，他的工作压力很大，今年看着公司业务似乎好一些了，A就想和老板谈加薪，又不知道怎么谈。

一、薪水从何而来？

每个人都会遇到加薪的问题，薪水是工作的重要动力之一，对很多人甚至是最重要的动力，经常会有人为了薪水而跳槽、为了不加薪或加薪幅度不够满意而不快。

但是我们的薪水来自哪里？为什么别人愿意付你的薪水，为什么别人的工资比你高？为什么自己的加薪幅度小？很多人并没有仔细想过，只是觉得自己工作了，就应该随大流得到报酬。

我问过很多人“你的工资从何而来？”这个问题，大家普遍都先是一愣，然后思考，答案很多。

是组织论功行赏分配的；

是按照岗位的重要程度分配；

是按照我的绩效发的；

是根据整体绩效发的；

是按照市场工资定的；

是按照我的年资、学历、工作能力综合定的。

……

应该说不够全面，薪水是你的工作和其他人工作一起创造的共同成果在市场上得到的价值，再根据你们贡献大小进行再分配的结果。

如果我们用结果指代工作产出，成果代表市场认可的价值，就会发现，我们工作有产出并不代表有价值，自己或者内部的评估其实是有很大局限性的，更不要说只管在办公室坐满工时，根本算不上有结果的付出了。

我们的组织提供的产品和服务在市场上得到了实现，工资是组织成果变现后的再分配。组织运营除了工资成本外还有其它成本（为简单起见，我们只考虑比较市场化的组织）我们去掉弥补生产资料的那部分，就很容易分析出支付生产力的费用从何而来。

1. 工资是一种价值的再分配

社会分工越来越细，个人必须和他人一起协同为社会提供产品和服务，才能实现价值变现，变现的链条可能会很长。变现后再根据组织分工进行分配。

2. 市场认可的从来不止是你的结果，而是成果

工作的结果如果得不到市场的认可，都不能称之为成果。

有时候市场价值的认可是很残酷的，例如苹果当年战胜若干传统手机产业巨头时，无论是诺基亚还是Motorola的员工，他们工作的结果并没有任何变化，他们的努力程度也不低于苹果的员工，但是市场价值差异却是巨大的，很多公司裁员时那些被裁的员工很多都并不是没有结果，而是没有成果，或者市场认可的成果远低于自己认为的结果。

3. 功劳与成果相关

很多人已经认识到市场不相信苦劳，相信功劳。但轮到考虑到自己的贡献，就会漠视两者之间的差异。

很多人认为“苦劳”就是没结果的瞎忙，觉得自己兢兢业业、勤勤恳恳地努力，有了结果就有了功劳。

工厂生产出了东西似乎有结果，但如果这些东西根本无人问津，就没有成果。结果如果不能转化为成果都是无效的。

4. 组织的成果中包含了一部分没有结果的“成果”

除了现有的有结果的员工，组织还要发展，其实也就包含了要承认一些没有结果的“成果”。

没有结果并不代表没有价值。并不是所有工作都一定有清晰的结果。很多成果必然包含了失败的探索，这些探索也意味着可能作用于今后的成果。很多研发都是失败的，但是最后的成功都是建立在前人失败的基础上，即使这种工作没有结果，最后能与成果紧密相关，也是会被承认的。

二、价值如何分配

1．收入分配次序和比例

现实职场分配有很多方式，简单来看，收入分配次序和比例从上到下，从小到大往往是这样的：

员工优先，一旦签劳动合同，提供了劳动，就保证能拿到工资，裁员时先保证员工工资；

管理层其次，管理层收入＝工资＋奖金，先发工资，再分配奖金，公司绩效不好时，管理层先降薪；

股东最后分配，在经营不好时，股东尤其是大股东，常没有收入保障。但经营良好时，股东分红优厚，收入结构往往是：工资＋奖金＋股份分红。

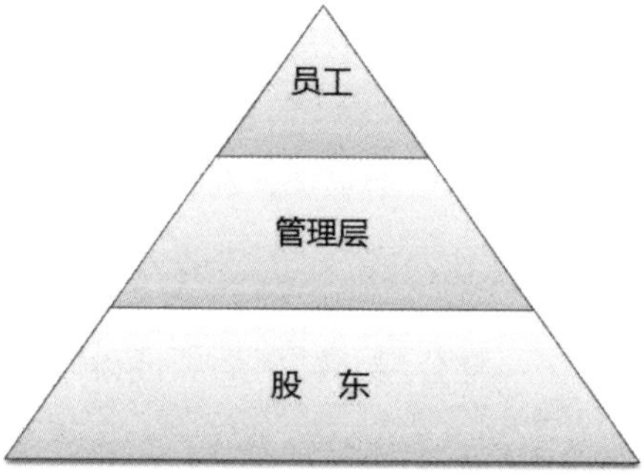

2．价值分配的次序

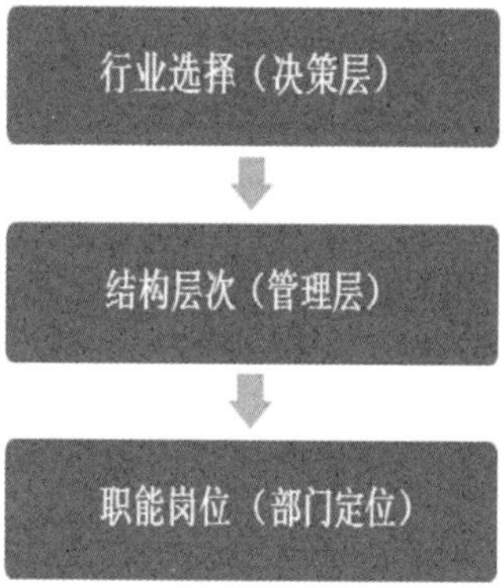

3. 社会承认的价值变现 = 组织提供的产品和服务成果

行业很重要 = 行业决策很重要。

一个组织制定了被市场认可的决策是经营的基础，制订战略方向决策的人承担了市场最大的风险，自然也有最大的收益，所以上福布斯排行榜的一定是决策者。

因为决策错误、公司大方向错误，组织再有效率、个人再努力，结果也不会是成果。

4. 提供成果相关的重要程度 = 各层级之间的分配

有竞争力的产品服务很重要 = 管理层很重要。

决定成果还是结果的经营和管理很重要，结果与成果的联系越紧密，分配越多。高层往往占据分配权，他们决定了一个组织生产或服务的结果是什么。

很多人觉得高层拿着高薪不干活，其实如果没有良好的管理体系，团队就是一盘散沙，很难有强大的战斗力。

5. 与成果的接近程度 = 各部门各岗位间分配

与成果越接近、分配越多代表岗位越重要。

任何一个公司都有核心产品和服务或者产生价值最重要的部门（核心部门），这部分人员是可能直接产生成果的人，是组织中分配中重大的部门 / 岗位 / 人员。可能一个研发型企业的研发工程师底薪就能高于工作了 N 多年的客服、行政、财务甚至销售、市场人员。

6. 与结果的多少相关 = 部门内的分配

结果越好，分配越多，说明努力很重要。努力程度在这一层以结果的形式终于得到衡量。

工作努力程度以结果论，结果重于过程。结果越好，重要性相对较大，升职加薪才有可能。

7. 越难被替代，地位越稳——你可替代的难度很重要

如果能在市场上找到更有效率、更便宜、替代成本更低的替代品，你也必然被替代。

我们常看到市场上有些职业，即使做得再长、工作再努力、工资也很难突破一个大概的上限，因为替代品物美价更廉，如果你的工资超过市场价 + 寻找替代品的成本，被替代是大概率事件。所以，有时候工作平平的人一直加薪未必是好事。组织是从上而下的分配，如果只是从自己的角度看自己的辛苦、努力、结果。当然会说，不知道这世界为什么这么不公平……

我们要经常思考：

现在的工作是苦劳还是功劳，有没有结果；

我的工作在组织里的功能是核心还是辅助；

如果是核心，我在核心团队是否能产生较好结果的人；

如果是辅助，组织里核心业务会因为我的辅助更有竞争力吗；

我的结果对组织的结果有多大的作用；

我的组织提供给社会的结果是社会需要的成果吗；

组织可以在市场上找到比我更高效低薪的替代品吗？

三、如何谈加薪

如果觉得自己的工作成绩没有得到相应回报，主动向领导提加薪当然是可以的，但是能不能成功不能光看自己的业绩，更要看单位整体价值链中自己的位置。

经常有人问我该如何谈加薪，也经常看到有人介绍谈加薪的技巧，但实际上谈加薪达成目的的很少，所以每一个加薪攻略上都会有一条：谈不成不要灰心。

谈加薪前要思考：我凭什么在市场获得更高的价值？

1．你的组织在市场上的地位如何

衡量企业市场地位有很多维度，除了绝对的营业额、利润率，更要考虑相对的市场占有率、市场影响力等。市场地位往往代表了你和你的同事们合作提供给市场的产品和服务质量。如果组织已经岌岌可危，还谈什么加薪，不裁员就是万幸。

2．你在组织里的地位如何

你的部门在组织里是核心部门吗？你在部门里是核心员工吗？你的薪水是不是比市场上可替代者的价格要低。

3．你自己的成果如何

你的工作交付结果如何，被承认的结果质量如何？你和他人沟通的质量怎么样？你和组织里其他人的协作结果共同投入到市场上成为可供终端消费的产品和服务。沟通能力、合作能力直接影响了你能为他人提供的价值。

4．市场上的替代成本

了解了薪水的来源，就知道我们除了改进自己的工作、让自己更重要，我们的薪水还要和市场上差不多的替代品相比较。加薪加到超过替代成本时，就是非常危险的时候。

如果能看清楚你的薪水从何而来，就知道想要加薪不仅要考虑自己工作的情况、工作的重要程度，还要考虑组织整体交付的成果被市场接受的程度。

综上所述：

级别比薪酬更重要；

加薪加的是未来的价值；

可以通过升职来加薪；

所以，更有效谈薪的方式应该是在觉得薪酬不满意时换种思路问问自己的领导和 HR：

如果我想升职为单位做更大的贡献，需要再做什么，需要哪些地方提高？

我需要用多长的时间、达到什么样的条件才可以升职为单位承担更多的责任呢？

任何“要”都不如“给”更受欢迎。很多时候，一个人承担责任的意愿往往比能力更重要。

你的薪水构成因素包括：你的成果、他人成果、你们之间合作的质量、社会认可的价值。职场上，我们不仅要表现出优秀的工作质量，也要表现出愿意且能够承担更大的责任，才能不断将自己的价值扩大。

精进七：如何应对变化？变得更好还是变得不同？

有位候选人 N 联系我们猎头找新的工作机会，两年多前 N 是抢手人才，他在传统行业负责了一个“+ 互联网”项目，非常成功。当时有机会他就从传统行业跳槽到互联网公司做 COO（首席运营官）。没想到公司由虚变实的想法一直都没实现，折腾了两年，公司越来越差，一直亏损，他们人员流失严重，N 自己身为高管，为了以身作则，连薪水都不拿了。公司虽然支撑着，可也越来越没信心。N 所在的传统企业反而上市了，以前他的下属都独当一面，他觉得还是传统行业好、互联网公司变数太大、成功率太低了。他希望跳到稳定的行业里找个 COO 的工作，但他原先熟悉的行业又觉得他这两年脱离实体经济，做公司 COO 又不成功，接纳他的公司都要求他降薪降职。他想在互联网行业找机会，自身又没有太好的互联网行业的朋友，所以想寻求猎头帮助。

人人都承认，社会在不断变化。大家都想在快车道上不被落下，因为行业之间的差距真的很大，选择错误的代价太大了。

有位做 IT 软件开发的候选人朋友 M 在找新工作时跟我说，前几年他的薪水高、在市场上很抢手，觉得以后写代码是每个行业的核心，当时他的同学有转行去做大数据的。现在很多源代码都开源了，M 这种做代码的在市场上薪水和机会都是降的，M 和那位同学四年前的差距是双倍 (40 万元： 20 万元)，现在的差距还是双倍（40 万元： 80 万元）。

这虽然是个别案例，但类似的情况并不少见。没有谁可以预言未来哪个工作一定是在快车道上，更无法预言你一定是在快车道上开着快车。

在不确定性已经成为共识的时代，很多变化是我们很难把握的，没有人可以预测未来。很多人都希望做一些不会被抛弃、落伍的事。很多人问过我，“什么是越老越值钱的工作？”我自己也经常问自己这个问题。做了近二十年的猎头，我每天都会看到很多跳槽成功或失败的例子，很多时候，并不是“变”就一定能更好。

我们自己要意识到：我们其实也可以在一定程度上把握变化，一种是变得更好，一种是变得不同。

一、变得更好

世界不可能不变，家里买个家电，用个十年、二十年还会老化。再红火的商业模式新风口也有变动的时候，职场上要有意识地自我迭代，没有任何知识永不过时，越老越值钱不是不变，而是不断扬弃，用新知识迭代过时的知识信息，提升核心能力。

但是不变也有很多东西，不要忽略那些不变的东西。但即使到了AI时代，只要人类存在，一些东西也会永远不变。从古代流传至今的一些道理，历经岁月检验，比如强大的沟通能力（谈判、说服），比如表达能力、写作、演讲、逻辑思维能力。

这些核心能力之所以被称为是底层能力，往往是因为人性不变。只要有强大的底层能力，几乎可以以不同面目出现在不同行业。

我们经常看到强者似乎什么都行，往往是因为很多行业、很多事情底层的能力要求几乎都是相似的，所以往往是一事通、事事通。

结合自己的个性特征，制订不同的策略应对各种变化，顺势而为，把不变的底层能力磨炼得更好。

①变得力量更大、变得更好，反复磨炼我们的核心技能；

②争取让身边一直有比你强的人，让自己永远能有学习和超越的目标。

像M这样自觉是因为市场技术变化很多，自己跟不上热点，所以薪水提不上去，其实还是M没有及时将自己变得更强。

网站搭建的技术要求在四年间已经变化很多，但他搭建网站平台的基础语言并没有变，顶尖高手仍然是市场稀缺，只是原先水平普通，只要60分就可以取得不错的薪水。现在市场需求少了，对能力要求需要80分以上才能保持相应的地位。归根结底，不是行业变得快，而是他自己发展太慢了，没有跑赢行业的发展，能力没有比年龄增长更快。

其实，我们猎头找的高薪人才并不全在风口上的行业里，几乎各行业都有顶尖人物，比如农业、制造业、上千万薪水难寻顶尖专家的案例并不少见；我们都觉得互联网行业很年轻，现在越来越多的互联网独角兽企业高管是从传统行业引进的，年龄并没有成为障碍。在这巨变的时代，如果能把核心能力练得更好，本身就是一种很好的变化。

二、变得不同

在机会没来之前，除了努力在现有资源下变得更强更好，不妨考虑一下，走一条与众不同的路。每个人都有与其他人不一样的地方。这是自己的独特性，有时候好是相对的，不同是绝对的，保持自己的独特性是建立核心竞争力的基础。

人总是依据自己认为的优势行事，有时候很难意识到已经在舒适区内太久，突破舒适区肯定需要尝试不同的行为方式，甚至要有意识地涉及不熟悉的领域。

关心外部比自己强的人，树立标杆，学会考虑不同场景下的人如何工作。经常换位思考，会让自己有不同的思路。另外，要有独立思考的能力，经常反思自己的独特性，要敢于与其他人不同。其实人与人之间的差距原本不是那么大的，但往往是一个个不同的选择让这种差距越来越大，选择其实在于思维定式。

我经常看到在一个流动性很强的组织里，发展得很好的是那些稳定的员工；在一个很稳定的组织里，几年后最有成就的是那些不甘稳定、跳槽离开的员工。所以经常逆向考虑一下，不必随大流，就会给你带来不同。

N 从传统行业能跳到互联网行业，还能升职到 COO，是因为他原先在传统行业就负责公司的上线业务，且做得很成功（原公司也因此项目成为业内领先），这种既懂传统行业又对互联网有一定了解就构成了他的不同。但因为互联网行业并没有能帮助企业实现由虚向实，把传统行业的资源经验引进来，没能保持不同的优势，反而 N 将互联网行业资源不广、技术一般的劣势表现出来，两年后在失败情况下想回传统行业，因为没有发挥出不同的优势，求职就会失败。

1．了解自己的独特禀赋

通过学习和观察，看自己是对哪些事情容易专注，只有在别人不重视、不耐烦的地方坚持下去，不厌其烦地主动投入才是你真正兴趣所在，才能有可能实现“刻意练习”。

2．将自己的独特禀赋投入到最适合发挥才能的行业

不同的行业、不同组织，不同岗位要求的核心能力是不同的，了解自己是个什么人，尽早定位自己，尽早找到能充分发挥自己长项的位置。尤其是年轻时，应该多尝试、多探索。大学时期可以多实习，工作五年内做一些尝试和调整。

3. 将自己的独特性和工作要求结合

先在一个范围内做到最好，再不断扩大影响力，比如先在本单位做到顶尖（前 5%），然后在本区域做到非常著名（前 10%），最后在本行业做到知名（前 20%）……

4. 有了核心竞争力再将自己的价值放到行业间比较，让价值更好地变现

将自己的多种具备相当水准的能力结合，就能有独一无二的特质。再将这些特质用在重要程度高的工作上，就会产生出色的成果。成果越受市场认可，自身的价值越大。

我们都知道年轻时要居安思危，实际到每个人身上是不同的，批判他人容易、自我行动很难，常常是机会走了才会发现自己错过。

在机会众多的时代，并不存在一个选择就能决定终生，选择背后和选择以后都有很多必然。如果仅看到一些表面的幸运，只有将“更好”和“不同”结合，不断保持对世界的觉察，也不断提升自身的认知，才能越走越宽。

精进八：职场进阶之路：从普通员工到不可替代的核心人才

现在是人才流动活跃的时代，越来越多的城市加入人才争夺的行列，越来越多的组织通过一般方式很难获得关键人才。有一家大型央企人力资源部的负责人对我说过，“我们这样的上市央企在网上就能招到大部分人，但有些核心人才，无论是发广告还是到人才网站上找都招不到，只有通过猎头。你们猎头从哪里找到的这些人才呢？”

猎头往往是为那些“不需要找工作的人”找工作的。 优秀的猎头并不是从网上找人才，而是直接像猎人一样“猎取”，主动出击，询问那些现在工作做得很好，根本不需要找工作的人才是不是要考虑新的工作机会。大部分需要通过猎头找的是少数核心人才，有一定市场稀缺性，很多并不在网络上找工作。自我做猎头以来，经常有人向我咨询跳槽问题，相信每个猎头都有朋友要求帮忙找工作。但这样的成功率并不高，因为大部分这样的人本身并不具备稀缺性，通过猎头是无法帮助其成为核心人才的。

核心人才很多时候不是跳槽创造出的，而是在工作中积累出来的。

猎头比较青睐的稀缺人才的主要特点有：

①学历

现在名企招聘人才学历要求起码正规本科以上、硕士为佳，有海外背景的更佳，有些是必须。越来越多的高管有博士要求。没有好学历基本已经关上了大公司的高管之门。

学历低、经历好的情况不是没有，但现在有多少大公司、好平台愿意用学历低的？随着招聘市场的巨大变化，网络上虚假信息的泛滥，筛选候选人的困难，越来越多的单位录用人员偏向于简单粗暴。

学历不好可以跟随小公司成长，等待公司成长为大平台，或者自身做出特别的成绩才能进入猎头的视野。如果第一学历不好，也没有再进修更高的学历，只有在工作中表现出更出色的能力、努力扩大朋友圈才能弥补。

②背景

有名企背景有利于职场更进一步，如果原来的工作单位均毫不知名，很难通过猎头换到知名企业去，自己找的或者发动朋友圈的力量可能性还大些。

③工作业绩

即使学历、平台都不错，没有好业绩也不行。技术类职位一定要有拿得出手的核心项目经验。管理类职位一定在原单位要有升职经历。如果是中层，还有可能借助大平台之力跳到小点的平台上去，如果没有相当的业绩就很容易被替代。

④跳槽经历

跳槽不能过于频繁，越到高管，稳定性经历要求越高。

⑤职业化

职业经理人要有基本的职业水准，职商很重要，越到高管或资深级别，口碑和形象都要维护好。和普通渠道的主动求职者不一样，通过猎头招的核心人才都要经得起推敲、造假、不诚信就不要说了，越到高层对人品要求越高，因为站在高处、站在明处，很多缺点都可能被放大。

这些都是充分条件，但即使有这些条件的稀缺人才，能不能成功被优秀的客户看上，最后过关斩将成为最后的人选，还存在运气成分。我们也遇到过候选人在最后一轮面试时，刚好有事出国、家中意外等情况，那只能说时运不济，与此工作无缘，等待下次机会。

普通职场人希望进阶成为核心人才，就没希望了吗？当然不是，任何时候开始反省、开始行动都可以。任何人都要为过去的选择和走过的路负责。上了职场，想要走上成功之路，就是在一条高速路上，在这条路上的车挂上了高档，没有刹车，只要档位一下来，很快就能被替代。应该说，如果到35岁以上还通过网络等方式找工作而不是工作来找你，说明你的职场竞争力就有限了。

很多行业做得非常优秀的人并不见得有什么特殊之处，而是对工作有些特别的执着。能经常把事办成的人是有共通之处的，猎头找到的被动候选人与网络求职群体相比明显的特质有：

①使命必达

我们公司曾经为一家外资咨询公司找合伙人，对方指明要一家品牌影响力远不如他们的本土公司顾问A。业内都知道这位顾问业绩很好，非常优秀。后来我了解到一件小事，A以前做汽车行业的项目，要和日本籍专家咨询，但她又不会日语，为了做成这单，她自己花钱找了个日语翻译助理，终于把这单做成了。

我和她谈起这件事时，A觉得非常正常，公司把这件事交给了自己，自己就应该想尽办法达成。

优秀的人，哪怕做一件再普通的工作也要使命必达。而使命必达也会让普通人变得优秀。A的学历、经历比公司正常招聘的要求差了很多，但就是因为这种精神，让她有了出色的业绩，也让这家外企诚意相请。

每个人的风格也许不同，但我看到几乎所有成功的人都是这样做的，因为这种话的背后意味着“做事没有任何借口，也不接受任何借口”的态度。

②勇于投入

对目标是否聚焦，决定了你投入的程度。除了金钱，还有精力和时间的投入。这让我想到我以前在保险公司，和当年全国行业内最强的销售总监B开始从业时的故事。当时他晕车，也没钱天天打出租车，但做保险要东跑西跑。为了节省时间、提高效率，B 在当时的薪水勉强养活自己的情况下，花钱租了个三轮摩托车，一周跑的业务是人家一个月的，一年下来成了全国冠军。

每个人都说想把事做成，但有些人总是在还没做时，就担心做不成吃了亏。而有些人就能为了把事做成不惜代价，无论是 A 还是 B，都为工作额外付出很多，没有任何人要求他们自掏腰包，也没有人要求他们加班加点，但他们会把这件工作当成自己的。我听到过很多人遇到这样的事，首先想的是：单位资源怎么样，制度有没有支持，如果有金钱支出，能不能报销。

当你认为自己不行的时候，肯定是不行，当你抱着做做看的态度做事时，基本也是马马虎虎、差强人意的，你有时甚至会庆幸，当初幸好投入不多。殊不知，正是因为这种心态让你注定了事情是做不到十分的。

如果不行，确实也不会怎么样，但是优秀的人就不会这么想。平庸是一种习惯、优秀也是一种习惯。

③结果导向

平心而论，现代人的职场观已经比之前进步了很多，大家普遍想着把事情做好。可是绝大多数的习惯是以现在的要求和资源为出发的“努力”工作。

我也遇到过很多类似 A 这样的要和外籍专家合作，觉得自己差距太大、想要放弃努力、无疾而终的，或者很多人觉得自己也很努力了，比如夜里打电话、经常加班，但最终没成功的时候，会觉得特别委屈，觉得自己不成功是因为运气不好，客户 / 公司 / Leader 应该知道我是多么不容易。

一个人如果有学历、背景、平台、经历做支撑当然好，但是如果起点低，也完全有可能通过努力加快进步的，人的起点如同在不同的山坡上，有高有低。但职场攀登之路往往不全是由绝对高低来评价的，而是中间进步的长度。从普通人到不可替代的人才，往往是那些在坡道上走过更长的路的人。

精进九：行动才能带来精进——只有走出去，你才知道路会通向何方

我每年都能遇到一些在职场上工作了很多年还是遇到问题的人，感觉他们比较迷茫。迷茫几乎是每个职场人都会遇到的阶段。迷茫多是看不清未来的路，不知道哪条路是正确的，害怕浪费时间精力到错误的方向上。但只有走出去，才会知道路通向何方。

一、职场上并没有绝对正确的道路

多了解市场信息是不错的，但实际上为未来过于担心，希望不走错一步的想法几乎不大可能实现。可以说，如果在上路前一点都不迷茫，多半是不现实的，面对未知，有些迷茫并不是大问题。但如果过于害怕走弯路，就会丧失探索的勇气。

你没有入行时，并不能肯定不适合这一行，世上并没有一份“正确的”职业地图可以保证哪条路是一定是“正确的”。再快的车道上也有抛锚的车。

当前的热门行业谁都看得出，年轻时进入职场很容易选择当下市场价值明确的快车道。一开始上的是快车道，但可能走着走着，路上车越来越多，甚至变成慢车道了，更惨的是，很多人一直相对顺利，到了四五十岁时，车道直接开到了尽头。也有的是一开始并不明确是什么样的路，只是走着走着，越走越明晰，甚至清除了障碍，越走越快。

二、职业生涯中需要先有核心能力，再顺势而变

职场上机遇和能力都同样重要。大部分工作想要做好，底层能力基本都是相通的。在一个行业做得好往往很容易在其他行业做出头。与其担心未来不确定的因素，

不妨将现在能把握的确定因素控制好。

我们看到很多转行失败的原因往往存在以下几方面：

1．专业狭窄，能力单一

现代职场专业分工细致，很多人做了很多年细分工作后，就无法再适应其他工作，抱怨自己是专业太窄。其实窄并不等于专，“窄”是并不了解工作的全流程，只知道自己做的一小部分工作，专业并不算精通，只能算是定制的一颗螺丝钉。

专业的纵深研究出成果一定也需要相当强的非技术能力。这种能力是可迁移技能，比如沟通表达能力、思考组织能力。没有刻意练习，无法实现跨行业具备解决问题的能力、完成任务的能力。

2．情商较差，朋友圈不广

很多能力普通的人对社交不以为然，交际能力很弱、视野狭窄，有些人还受环境影响自认为自己清高、有个性，在遇到危机时会比较被动。

3．行动迟缓，讨厌变化

人喜欢稳定是一种天性，但现代社会是个变化极快的社会，如果一直后知后觉，被动接受变化就是确定的事。很多人工作一直郁郁寡欢却不敢跳槽，在职涯遇到问题时不敢冒险、无法突破。

人在不同阶段有不同的重点，所以需要调整自己适应时代。

4．没有规划，只有计划

人生要有长远的规划，而不仅仅是短期计划。虽然现在人生的可能性理论上是无限的，但没有谁真正可以不受自己年龄、经验、体力、精力限制，职业发展也是有规律的。

三、行动和思考并行才能破除迷茫，不断精进

1．所有的职场问题，究其根本原因，无非是“少时懒，壮时怯，老时骄。”

曾文正公家书里写道：“家败，离不得个奢字；人败，离不得个逸字；讨嫌，离不得个骄字。”

少年时懒得思考、想走捷径，人到中年又怕失去，已经偏离市场价值，又不愿意降低身价。“老实人吃亏”之类传统认知在现代社会基本不存在，其实很多“老实”实际是将“无能”换了个好听的词罢了，而无能多半是懒惰造成的。

2．“怀才不遇”的人大多是没有能力充分发挥自己“能力”的人

只要没有以上致命的问题，在这个时代，不要怕入错行。现在的社会，入错行调整的机会多的是，“入错行”这种抱怨也可以休了。如果入了一行，就指望能保到终身“不错”，没有任何人可以做到。

3．想得太多、做得太少是不会成功的

我们必须把自己底层能力打造好，不断学习、反复思考，但勇敢尝试、积极行动是最宝贵的底层能力。

行业热点是会一直变的，没有人能保证你的组织、你选的行业永远在快车道上，但你可以保证自己开的是辆马力强劲、远超平均水准的车，哪怕是在泥泞小道上也能突破重围。

人的每段经历其实都是基于当时情况做出的选择，职场和人生有波折都是很难避免的，人生之路有弯路、有岔路，但没有白走的路。

愿大家都能勇敢行动，走出去，不断精进，成为职场不能被轻易取代的人才。